走进大学
DISCOVER UNIVERSITY

什么是管理学？

WHAT IS MANAGEMENT?

齐丽云 汪克夷 编著

大连理工大学出版社
Dalian University of Technology Press

图书在版编目(CIP)数据

什么是管理学？/ 齐丽云，汪克夷编著. -- 大连：大连理工大学出版社，2021.9
ISBN 978-7-5685-3031-6

Ⅰ. ①什… Ⅱ. ①齐… ②汪… Ⅲ. ①管理学－通俗读物 Ⅳ. ①C93-49

中国版本图书馆 CIP 数据核字(2021)第 097041 号

什么是管理学？ SHENME SHI GUANLIXUE ?

出 版 人：苏克治
责任编辑：邵　婉　朱诗宇
责任校对：齐　悦
封面设计：奇景创意

出版发行：大连理工大学出版社
　　　　　（地址：大连市软件园路 80 号，邮编：116023）
电　　话：0411-84708842（发行）
　　　　　0411-84708943（邮购）　0411-84701466（传真）
邮　　箱：dutp@dutp.cn
网　　址：http://dutp.dlut.edu.cn

印　　刷：辽宁新华印务有限公司
幅面尺寸：139mm×210mm
印　　张：6
字　　数：110 千字
版　　次：2021 年 9 月第 1 版
印　　次：2021 年 9 月第 1 次印刷
书　　号：ISBN 978-7-5685-3031-6
定　　价：39.80 元

本书如有印装质量问题，请与我社发行部联系更换。

出版者序

高考，一年一季，如期而至，举国关注，牵动万家！这里面有莘莘学子的努力拼搏，万千父母的望子成龙，授业恩师的佳音静候。怎么报考，如何选择大学和专业？如愿，学爱结合；或者，带着疑惑，步入大学继续寻找答案。

大学由不同的学科聚合组成，并根据各个学科研究方向的差异，汇聚不同专业的学界英才，具有教书育人、科学研究、服务社会、文化传承等职能。当然，这项探索科学、挑战未知、启迪智慧的事业也期盼无数青年人的加入，吸引着社会各界的关注。

在我国，高中毕业生大都通过高考、双向选择，进入大学的不同专业学习，在校园里开阔眼界，增长知识，提

升能力，升华境界。而如何更好地了解大学，认识专业，明晰人生选择，是一个很现实的问题。

为此，我们在社会各界的大力支持下，延请一批由院士领衔、在知名大学工作多年的老师，与我们共同策划、组织编写了"走进大学"丛书。这些老师以科学的角度、专业的眼光、深入浅出的语言，系统化、全景式地阐释和解读了不同学科的学术内涵、专业特点，以及将来的发展方向和社会需求。希望能够以此帮助准备进入大学的同学，让他们满怀信心地再次起航，踏上新的、更高一级的求学之路。同时也为一向关心大学学科建设、关心高教事业发展的读者朋友搭建一个全面涉猎、深入了解的平台。

我们把"走进大学"丛书推荐给大家。

一是即将走进大学，但在专业选择上尚存困惑的高中生朋友。如何选择大学和专业从来都是热门话题，市场上、网络上的各种论述和信息，有些碎片化，有些鸡汤式，难免流于片面，甚至带有功利色彩，真正专业的介绍文字尚不多见。本丛书的作者来自高校一线，他们给出的专业画像具有权威性，可以更好地为大家服务。

二是已经进入大学学习,但对专业尚未形成系统认知的同学。大学的学习是从基础课开始,逐步转入专业基础课和专业课的。在此过程中,同学对所学专业将逐步加深认识,也可能会伴有一些疑惑甚至苦恼。目前很多大学开设了相关专业的导论课,一般需要一个学期完成,再加上面临的学业规划,例如考研、转专业、辅修某个专业等,都需要对相关专业既有宏观了解又有微观检视。本丛书便于系统地识读专业,有助于针对性更强地规划学习目标。

三是关心大学学科建设、专业发展的读者。他们也许是大学生朋友的亲朋好友,也许是由于某种原因错过心仪大学或者喜爱专业的中老年人。本丛书文风简朴,语言通俗,必将是大家系统了解大学各专业的一个好的选择。

坚持正确的出版导向,多出好的作品,尊重、引导和帮助读者是出版者义不容辞的责任。大连理工大学出版社在做好相关出版服务的基础上,努力拉近高校学者与读者间的距离,尤其在服务一流大学建设的征程中,我们深刻地认识到,大学出版社一定要组织优秀的作者队伍,用心打造培根铸魂、启智增慧的精品出版物,倾尽心力,

服务青年学子,服务社会。

"走进大学"丛书是一次大胆的尝试,也是一个有意义的起点。我们将不断努力,砥砺前行,为美好的明天真挚地付出。希望得到读者朋友的理解和支持。

谢谢大家!

2021 年春于大连

前　言

当今时代,随着社会和科学技术的不断发展进步,管理已经成为现代社会存在与发展的重要支柱,无论是一个国家,还是一个地区,甚至一个组织的发展都越来越依赖于管理的发展。正所谓管理与科技是社会发展的两个车轮,缺一不可,二者必须要齐头并进、共同发展,才能走得长远。

学习管理学是培养管理者的重要手段之一。目前我国的管理人才,尤其是优秀的管理人才相对缺乏,因此,学习和研究管理学,培养高质量的管理者是当务之急。现在各大高校的管理学院和商学院都开设了各种管理类学科,进行专业管理人才的培养,而管理学也是本科生和研究生的必修课。

在未来，随着社会共同劳动的规模日益扩大，劳动分工协作更加精细，社会化大生产日趋复杂，管理将会变得更加重要。尤其是在人类经历了两次工业革命之后，以全新技术为主要特征的第三次革命浪潮已经逐渐来到我们身边，大数据、云计算、人工智能等高新技术接踵而至，而这势必需要更科学的管理体系才能使新的科技充分发挥作用。因此，管理在未来的社会中将会处于愈加重要的地位。

那么，究竟什么是管理学呢？

本书以实用性为导向，在了解管理学知识的基础之上，通过案例和数据等形式为读者提供丰富的管理学专业学习和选择等方面有价值的参考信息，如管理类学科分布，各高校的管理类专业特色以及管理类专业学生的职业发展方向等。除此之外，本书还通过生动的特色故事向读者展示管理学中的各种职能，带领读者了解管理学思想的漫漫发展史；通过讲述一位位古今中外的管理学名人以及知名企业家的经历和事迹，带领读者从理论和实践上了解管理学相关知识。本书旨在以幽默风趣、通俗易懂的语言让每一位读者轻松地认识管理学。

本书由从事高校教学和科研工作多年、有着丰富的管理学教学经验的齐丽云和汪克夷编著。同时,研究生郑皓心、金菁、吕正纲和曹舒畅,本科生韩嘉伟、陈雨婷、杨靖芸、孙煊茗也参与了本书编写过程中的案例和数据收集、整理以及排版等工作。

本书主要面向即将进入大学阶段的高中生及其家长,以及处于迷茫期的大学生,旨在带其走进管理学的世界,使其能够更加清楚该专业的教学内容和发展方向,为其选择大学专业和未来职业提供一定的参考。

水平所限,书中难免有不妥之处,恳请各位读者不吝批评并提出改进建议和意见,在此表示感谢!最后,在本书的写作过程中参阅了一些书籍,并引用了一些案例,在此向相关作者表示感谢!

编著者
2021 年 6 月

目 录

继往开来——管理学及其发展历程 / 1
　管理学——概念一点通 / 1
　管理学——特点、分类知多少？/ 12
　管理学——从历史中缓缓走来 / 18

群英荟萃——管理学风云人物 / 24
　主要管理学理论及代表人物 / 24
　　泰勒与科学管理理论 / 24
　　法约尔与管理原则 / 27
　　梅奥与人群关系理论 / 31
　国内外当代优秀管理者实例 / 37
　　人才的缔造者：查尔斯·科芬 / 37

全球第一CEO：杰克·韦尔奇 / 40
杀伐果断铁娘子：董明珠 / 43
科技未来的洞察者：李彦宏 / 45

慎思明辨——选择管理学的理由 / 49
  自我实现为什么需要管理学？ / 49
    自我实现的途径——自我管理 / 50
    管理学对个人综合素质的提升具有潜移默化的影响 / 54
  社会发展为什么需要管理学？ / 58
    管理的二重性 / 58
    管理与生产力发展 / 60
  大国博弈为什么需要管理学？ / 61
    管理水平是决定一个国家兴旺发达的重要因素之一 / 62
    大国关系中的外事管理 / 63
  与时俱进为什么需要管理学？ / 65

面向未来——管理学发展的机遇与挑战 / 67
  互联网发展推进管理理论的创新 / 67
  中国传统文化聚焦以人为本的管理理念 / 71

枝叶纵横——管理学的专业图谱 / 76
  管理学包含哪些专业？ / 76

为什么推荐"工商管理"专业？／80
　　工商管理：与工业无关，与商业相关／80
　　工商管理：成为商业巨头还是打工人？／84
为什么推荐"管理科学与工程"专业？／86
　　管理科学与工程："工""管"结合，大有可为／86
　　管理科学与工程："曲线"救国，非你莫属／91
为什么推荐"公共管理"专业？／93
　　公共管理：造福社会公众的好专业／93
　　公共管理：难道只能做政府事务的分析师吗？／96
如何结合兴趣选择适合的专业？／99

星火争辉——管理类专业的高校分布 ／104
　世界大学排名评价标准简介／104
　中国大学的管理类专业评估情况／109
　　工商管理学科评估结果／109
　　管理科学与工程学科评估结果／111
　　公共管理学科评估结果／113
　中国大学管理学专业特色有哪些？／115

成长焦虑——管理类专业之于个人发展 ／121
　管理类专业培养哪些能力？／121
　　领导能力／122

决策能力 / 123
　　组织能力 / 123
　　商业思维能力 / 124
　　创造性地解决问题的能力 / 125
　　有效交流沟通的能力 / 126
管理类毕业生的就业去向 / 128
管理人才的发展前景 / 129
　　工商管理类 / 129
　　管理科学与工程类 / 134
　　公共管理类 / 136

开启管理世界的大门——你准备好了吗？ / 141
管理类专业有哪些关键课程？ / 141
　　管理学 / 142
　　微观经济学 / 143
　　宏观经济学 / 144
　　统计学 / 145
　　运筹学 / 146
　　财务管理 / 146
　　管理信息系统 / 147
　　国际贸易学 / 148
　　组织行为学 / 148

战略管理 / 149

在大学如何学好管理类课程？/ 150
　　充分认识学习管理知识的重要性 / 151
　　注重知识框架的构建 / 153
　　培养辩证唯物主义的观点和方法 / 153
　　探索理论联系实践的学习方式 / 155

有哪些优秀的学习资源？/ 156
　　慕课平台 / 156
　　管理类案例库 / 158
　　商业比赛 / 162
　　大创项目 / 165
　　校企合作,实地调研 / 166

如何制订个人规划？/ 167
　　争取优异的学业成绩 / 167
　　英语学习持之以恒 / 168
　　适当参与各种比赛与竞赛 / 168
　　有选择地考取专业技能资质证书 / 169
　　寻求高质量的实习机会 / 169

参考文献 / 170

"走进大学"丛书拟出版书目 / 173

继往开来——管理学及其发展历程

千淘万漉虽辛苦,吹尽狂沙始到金。

——刘禹锡

▶ 管理学——概念一点通

坐飞机的时候,你肯定有过这种体验:飞机降落后在跑道上停停走走,迟迟不能停到位,这个过程虽然可能只有 10 分钟,却让人感到很不愉快。

飞机为什么磨磨蹭蹭? 真相是,准备接机廊桥需要时间。

但你有没有想过,如果有聪明的管理者能调整一下起落安排,让飞机稍稍飞慢一点,把 10 分钟的等待移到天上,就会给乘客完全不同的旅行体验。

这就是管理学的智慧。

提到管理学,人们很容易想到那些大名鼎鼎的商学院,想到西装革履的企业家,想到深奥难懂的概念和原理。其实管理是人类生活中最常见、最普遍和最重要的活动之一。

大到一个国家的治理,涉及社会的方方面面,内涵十分丰富,包括建立一个完整的法律体系,制定和完善各项规章制度;处理本国与其他国家之间的政治、经济关系;建设一支强大的国防力量,维护国家的主权和独立;制定社会发展规划,协调各行业各方面的发展,改善人民的生活提高众的生活水平。到了省、自治区、直辖市这一级,地方政府的权力虽不及中央政府强大,但是仍具备较强的管理能力,除了制定地方性法规外,还要对社会的方方面面进行管理。再往下,市和地区、县和区,直至乡镇和作为政府派出机关的街道办事处,都是麻雀虽小、五脏俱全,具备管理上的各种功能。

小到社会的最小组成单位:家庭和个人,也面临着同样性质的管理活动。就拿个人来说,要处理好与周围同事的关系;要安排每天的时间去完成各项任务和工作;要安排好自己的收入和支出,如制订购买大件商品的计划等,这都是管理。

以上是从国家到个人可能进行的不同管理活动。那么,换一个角度看,针对不同的企业或组织来讲,它们所从事的管理活动也不尽相同。

从兴办一个企业说起,要对所进入的行业进行一番细致的调查研究,包括市场和行业的调研、技术工艺的考察等。一旦做出决定,则面临着筹措资金,制定企业章程,进行工商登记和注册,开展基建工作,安装、调试设备,采购原材料,投入生产,进行市场营销,以及建立售后服务体系和优化与创新产品等活动。这一系列复杂的活动,都是管理活动。企业如此,学校、科研院所、医院等各种单位也都大同小异,同样有一系列的管理活动。就拿班级举办团日活动来说,整个流程涉及团支书发信息通知班级同学;团支书做好策划书,确定团日活动的主题;团支书分配任务;班委带领班级成员完成任务等一系列步骤。即使是政府机关、社会团体也都有内部的管理工作和管理活动,例如设置各种机构,配备人员,明确岗位责任,建立规章制度,以保障机关工作的正常运行,从而行使自己的职能。

以上所说的均是管理活动,但又都有所不同。管理如迷雾一样存在,我们如何去认清管理的真正含义呢?

实际上，针对这个问题的回答众说纷纭，因为每个人的出发点不一样，看问题的角度不一样，强调的重点不一样，加上个人的经历不同、地位不同，所以很难形成一个共同的看法。在管理学发展过程中，许多管理学家都提出了自己的见解。结合各家学说的长处和日常实践工作，我们可以认为：管理是各级管理者在执行计划、组织、领导和控制四项基本职能的过程中，通过优化配置和协调使用组织内的各种资源，如人力、财力、物力和信息等，有效地实现组织目标的过程。

这里提到了管理的四项基本职能，即计划、组织、领导和控制，我们通过事例简单了解一下管理的基本职能。

阿波罗计划（Project Apollo），是美国从1961年到1972年组织实施的一系列载人登月飞行任务。其目的是实现载人登月飞行和人对月球的实地考察，为载人行星飞行和探测进行技术准备。它是世界航天史上具有划时代意义的一项成就。"阿波罗"是古希腊神话中掌管诗歌和音乐的太阳神，她和月亮神是双胞胎姐妹，阿波罗计划是姐妹相会的计划。阿波罗计划始于1961年5月，至1972年12月第6次登月成功结束，历时约11年，耗资255亿美元。在计划高峰时期，参加工程的有2万多家企业、200多所大学和80多个科研机构，总人数超过30万人。

为了顺利登月，英国国家航空航天局总共制订了三个方案，如图1所示。

方案1：直飞月球　　方案2：在地球轨道　　方案3：在月球轨道
　　　　　　　　　　发射登月飞船　　　　 发射登月飞船

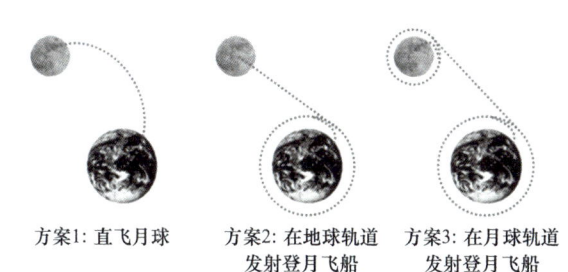

图1　阿波罗计划登月方案

据保守的估计，第三种方案使阿波罗的登月着陆至少提前了两年。阿波罗计划登月方案对比如下：直飞月球，大推力火箭需106亿美元，1968年以前难以实现；在地球轨道发射登月飞船，地球轨道会合对接需92亿美元，1968年中可实现；在月球轨道发射登月飞船，月球轨道会合对接需77亿美元，1967年底可实现。

美国人为了能够顺利登月，用了11年的时间，耗费了大量的人力物力，制订了三个不同的方案，并对不同方

案的耗资和可行性等方面进行分析，最终才确定了我们所熟知的阿波罗计划，让人类登月的时间至少提前了两年。由此可以看出，计划对于完成一项任务是多么重要，它是管理的基本活动。无论是航天登月的国家级事件，还是生产制造一个新产品这样的企业级事件，甚至是一个家庭或个人的旅游出行，都需要确定目标，分析、预测环境，并根据目标提出若干个可以实施的方案，最终经过评价，确定目标的可行性并选择一个合适的方案，这就是管理学中的计划职能。

春秋战国时期，土地国有制逐步被土地私有制所代替，秦国井田制瓦解、土地私有制的产生和赋税改革，都晚于齐、楚、燕、赵、魏、韩六国，社会经济的发展落后于其余六国。为了增强秦国实力，在诸侯争霸中处于有利地位和不被别国吞并，秦孝公引进人才。商鞅自卫国入秦，先后两次实行以"废井田、开阡陌，实行县制，奖励耕织和战斗，实行连坐之法"为主要内容的变法。深得秦孝公的信任。

不得不提的就是军功爵制度。新兴军功地主阶级随着经济实力的增长，要求获得相应的政治权利，从而引起了社会秩序的变动。新的军功爵制度是以国家授田及土地私有制为基础的制度，它不同于旧的份地制。旧制度以"份地"的形式来酬答服兵役者；新制度以"爵禄"的形式来酬答服兵役者。因而"爵禄"制较之"份地"制有着无可比拟的优越性，它能激起广大官兵对爵禄、田宅和税邑、隶臣等物质利益的巨大贪欲，从而增强军队战斗力，为一统六国奠定了基础。

众所周知，商鞅变法使秦国得以在战国七雄中胜出，最终统一了六国，建立了秦朝。商鞅变法之所以能有如此大的功效，主要是因为商鞅建立了新的社会制度，并且这个制度有利于社会的发展，也激励了朝臣和军队，使得全国上下和谐稳定，团结一心，最终取得了胜利。而从管理学的角度来看，商鞅则是为了使秦国越来越壮大，而重新确立了新的组织制度，合理地安排各项工作活动，并对资源进行合理的配置，奖惩分明，有效激励下属，最终顺利实现目标。这就是管理学中的组织职能。

除此之外，在商鞅变法前夕，秦孝公临朝议政，朝廷上形成了复古守旧与变法革新的论战。商鞅力驳群臣，以"三代不同礼而王，五霸不同法而霸"和"汤、武之王也，不循古而兴；殷、夏之灭也，不易礼而亡"的诸多史实力证了"治世不一道，便国不必法古"的管理思想。阐明时代不同，国家的政治、经济等方面的措施必须有所变化，宜应"不法其故，不循其礼"。由此观之，组织面对内、外部

环境的变化,必须不断调整组织结构、制度,采用新的管理方法和方式,以适应新的形式,与时俱进。

有一个实力较强的应用科学研究所,所长是一位有较大贡献的专家,他是在"让科技人员走上领导岗位"的背景下,被委任为所长的,没有领导工作的经历。他上任后,在科研经费划拨、职称评定、干部提升等问题上,实行"论资排辈"的政策;在成果及物质奖励等问题上则搞平均主义;科研项目及经费只等上级下拨。所内的中青年科技人员由于收入低且无事可做,纷纷到外面从事第二职业,利用所里的设备和技术谋取私利,所里人心涣散。

上级部门了解情况后,聘任了一位管理成绩显著的家用电器厂厂长当所长,该厂长是一位转业军人。新所长一上任,立即实施一系列新的规章制度,包括"坐班制",并把中青年科技人员集中起来进行"军训",以提高其纪律性;在提拔干部、提高奖励等问题上,向"老实、听话、遵守规章制度"的人倾斜。这样一来,涣散的状况有所改变,但大家还是无事可做,在办公室看看报纸,谈谈天,要求调离的人员不断增加,员工与所长之间也经常出现矛盾。一年后,该所长便辞职而去。

上级部门进行仔细的分析和研究后,又派了一位该市科委副主任前来担任所长。该所长上任后,首先进行周密的调查,然后在上级的支持下,进行了一系列有针对性的改革,把一批有才能、思想好、有开拓精神的人提拔到管理工作岗位,将权力下放到科室、课题组;奖励、评职称实行按贡献大小排序的原则;提倡"求实、创新"的工作作风;在完成指定科研任务的同时,大搞横向联合,制定优惠政策,面向市场。从此,该所的面貌焕然一新,原来的一些不正常现象自然消失,科研成果、经济效益成倍增长,成了远近闻名的科研先进单位。

为什么不同的人来当所长会出现截然不同的结果呢?这其中的缘由是不同的人的领导能力、领导方式有所差异。因此,在一个组织中,领导者的能力和素质会对组织目标的实现起到十分重要的作用。一个好的领导者,需要针对组织成员的需求和特点,运用恰当的方式,正确引导和指挥组织成员,并采取一系列措施激发组织成员的积极性,同时实现组织成员间的良好沟通,化解矛盾,使全体成员团结一致,充分发挥各自的能力,最终促使组织目标的实现。这就是管理学中的领导职能。

魏文王问名医扁鹊说:"你们家兄弟三人,都精于医术,到底哪一位医术最好呢?"扁鹊回答说:"大哥最好,二哥次之,我最差。"魏文王再问:"那么为什么你最出名

呢?"扁鹊答说:"我大哥治病,是治病于病情发作之前。由于一般人不明白他事先能铲除病因,所以他的名气无法传出去,只有我们家里的人才明白。我二哥治病,是治病于病情刚刚发作之时。一般人以为他只能治轻微的小病,所以他只在我们的村子里才小有名气。而我治病,是治病于病情严重之时。一般人望见的都是我在经脉上穿针管来放血、在皮肤上敷药等大手术,所以他们以为我的医术最高明,因此名气响遍全国。"魏文王连连点头称道:"你说得好极了。"

这个故事告诉我们:真正的高手能防微杜渐。事前控制在管理中极为重要,不要等到严重时才知道采取补救措施。这就需要企业家有防患于未然的洞察力,尽可能化解经营中的潜在风险,在处理管理上的问题时要加大预防力度,像扁鹊的大哥一样,治病于未发生之前;当发现有苗头性的问题时,则要像二哥一样,治病于初起之时。

再拿我们最常吃的麦当劳来说,为什么几十年来麦当劳门店在全球的开店数超过 32 000 家,无一例外地受到全世界人民的喜爱呢?不仅仅是它的味道好,其严格的质量控制也是关键的制胜法宝。

麦当劳始终秉承"质量超群,服务优良,清洁卫生,货真价实"的理念,通过详细的程序、规则和条例规定,使分布在世界各地的所有麦当劳分店的经营者和员工都遵循一种标准化、规范化的作业流程。公司对制作汉堡包、炸土豆条、招待顾客和清理餐桌等工作都事先进行翔实的动作研究,确定各项工作开展的最好方式,然后再编成书面的规定,用以指导各分店管理人员和一般员工的行为。公司在芝加哥开办了专门的培训中心——汉堡包大学,要求所有的特许经营者在开业之前都接受为期一个月的强化培训。回去之后,他们还要对所有的工作人员进行培训,确保公司的规章条例得到准确的理解和严格的贯彻执行。

为了确保所有特许经营分店都能按统一的要求开展活动,麦当劳公司总部的管理人员还经常走访、巡视世界各地的经营店,进行直接的监督和控制。麦当劳公司总部的管理人员在一次巡视中发现某家分店自作主张,在店厅里摆放电视机和其他物品以吸引顾客,这种做法因与麦当劳的风格不一致,立即得到了纠正。除了直接控制外,麦当劳还定期对各分店的经营业绩进行考评。

麦当劳除了制定严格详细的规则、流程,还对人员进行培训,并且在控制方面也进行全面的监督:一方面经常

进行门店走访巡视,实现直接控制;另一方面通过业绩考核等进行间接控制。

当然,在一个企业中,不仅仅有人员、作业的控制,还有财务、信息以及企业绩效等方面的控制。因此,所谓的控制职能就是指管理人员为保证实际工作与目标一致所进行的一些行为活动。

因此,通过对管理职能的分析不难发现,古今中外处处离不开管理,作为管理者,无论他是何种级别,也无论他所在的组织大小以及组织性质如何,都需要履行管理职能。

▶ 管理学——特点、分类知多少?

每一个学科都有着各自的特点,比如我们每个人都学过的语、数、外。语文,是我们每一个人从小就开始学习的一门学科,是最重要的交际工具,是最为基础的一门学科,它包含许许多多的名人名言、古文诗句等,有着海纳百川的多样性,也汇聚了古往今来的诸多思想。数学呢?相信大家对数学的认知里一定有各种各样的数量关系、空间几何等数不尽的符号和公式,它高度抽象、逻辑严密,可以用来解决多种问题。至于外语,它是一门语言类的学科,需要我们不断地记忆和开口练习,并且也像语文一样包罗万象,涉及广泛的知识。当然,除此之外还有物理、化学、地理、历史等,它们都拥有各自的特点。那么,管理学作为一门学科又有什么样的特点呢?

上文说到,管理活动包括四项职能:计划职能、组织职能、领导职能和控制职能。通过案例,我们能够基本了解这四项职能的基本内容,比如计划职能需要管理者根据目标和环境合理地制订计划,并根据环境的变化适时进行调整。这其中可能需要管理者具备一定的市场知识,能够通过市场表现预测未来的市场变化,或者是对于一些政策法规、科技发展等都需要有一定程度的了解。而组织职能要求管理者能够合理地分配资源,这个过程就需要管理者具备良好的人际沟通能力和组织协调能力,要知道如何把最合适的人安排到最合适的岗位,如何调动人员的积极性,如何分配资源并让每个人都能够接受。这就需要拥有一定的心理学知识,掌握人与人交往的技巧,等等。领导职能则要求管理者具备领导的能力和素质,比如杀伐决断的能力,能够审时度势的睿智头脑,以及激励员工的方式方法,等等。最后说说控制职能,它可能需要管理者拥有一定的数据分析能力,了解各个环节和流程,通过人工或者是智能控制手段进行监控,

等等。

　　这样看来,在一个完整的管理过程中,需要优化配置,分配资源,需要预测变化,随机应变,需要处理人际关系,需要制定规则等,十分复杂。因此,管理学的第一个特点就是综合性,管理学往往涉及社会学、心理学、工学、数学、经济学等众多学科,这就决定了管理学的综合性特点,也要求管理人员要拥有更为广博的知识面作为基础。

　　那么,第二个特点是什么呢？和英语一样,管理学也是一门实践性很强的学科。英语学习需要人们通过日常的口语练习,不断地和外国友人进行沟通,在生活中学习和巩固。管理学也是如此。正所谓理论来自实践,又对实践起着指导的作用。管理学本身就是人类在千百年的实践经验中总结形成的,也同样要用于指导人们的管理工作。我们学习了管理学之后,只有在生活中真正地应用起来,才能够真正领悟到管理学的精髓,否则只是掌握了一些原理和规律,并不代表具备了解决管理问题的能力。只有亲身经历过才能够学会。这就像是我们从小到大都在学英语,例如学语法、背单词、写作文等,但是这些都不能让我们学会说英语,只有开口交流,真正应用实践,才能不断地提升我们的口语水平。管理学的实践性也正是这个道理。

上面说到管理学和其他学科的共性、实践性。那么，接下来，我们聊一聊管理学和数学、物理等学科的区别吧。像刚刚提到的，数学是逻辑严密、通过计算推理得出精确结果的学科，我们可以通过公式和理论计算出结果，尤其是在考试的时候，只要题目没出错，我们就一定可以计算出结果，而且结果一定是确定的，不会因为环境或者是计算的人不一样就变一个答案。就像我们都知道的1＋1＝2，无论如何1＋1都不能等于5。然而，管理学则不然，在管理活动中，我们所遇到的因素、所要解决的问题，除了像一些资源（物料的数量、资金等）、时间等可以精确地用数来表示外，有许多因素是不能用数来表示的，也就是无法精确地度量的。现实中有些因素尽管不能度量，但可以按一定的规则来量化，像体操比赛、歌手大奖赛等运动员的技巧、对规则的掌握，或是歌手的气质、发声技巧、表演能力等都可以通过裁判员或评委打分来分出高低。这些因素我们可以称其为可量化因素。但是管理工作中所遇到的一些环境因素及变化，人的思想情绪、心理变化等则是无法量化的。

所以，我们可以发现，在管理学中，有些因素是可以测量的，而有些因素则是无法测量的，也因此，管理学并不能通过明确的关系式进行求解计算，得到一个明确的

结果。所以我们说,管理学是不精确的学科。

最后,通过上述内容,我们可以了解到,管理学来源于实践,经过科学的概括和抽象得出了一些管理中的规律,用于指导我们的管理工作。因此,我们可以认为管理学是一门科学,并且它也将会随着社会的发展而不断进步。同时,我们知道管理过程中涉及许多对于人员的调配、员工的激励等,这些都需要管理者巧妙地运用自己的能力、个人魅力来获得成效。因此,管理学不仅仅是一门科学,更像是一门艺术,有着千人千面的神秘特点。管理工作中所遇到的问题,往往因为个人对复杂环境的认识程度不同、对管理学基本原理理解的深度不同、个人的社会经历不同和经验不同,而具有不同的解决方法。上述不同或多或少体现出一种艺术性来。我们可以用音乐指挥家来说明这个问题。如果世界著名的指挥家卡拉扬、小泽征尔等去指挥同样的乐队演奏同一首世界名曲的话,他们对作曲家和乐曲的理解会有所不同,这种不同融入了各自的指挥技巧中,就会给听众奉献同一乐曲的不同风格。如果没有这种不同,不同的指挥家指挥同一乐曲的演奏都是千篇一律的,就失去了艺术的魅力。

管理学的科学性和艺术性同时存在,两者之间并不排斥,重要的是如何把两者更好地结合起来。如在构建决策模型时，可以把领导者的经验和领导艺术结合到模型中，构造一个人-机系统，充分发挥人和计算机各自的优点，即人的经验和判断能力得以运用，加上计算机的强大计算能力，使决策模型更加灵活，决策过程一目了然，最后的结果更容易被接受。

管理活动是普遍存在的，但是不同性质的组织有其独特的内涵，管理的内容不同，方法也不尽相同，在此基础上进行科学的总结和概括可以形成各具特色、专门性强的各种管理科学。

按照管理对象的不同，可以将管理分为以下几类：

• 公共管理（Public Management）。公共管理是以政府为核心的公共部门整合社会的各种力量，广泛运用政治的、经济的、法律的方法，强化政府的治理能力，提升政府绩效和公共服务品质，从而实现公共福祉与公共利益。比如，实现乡村振兴，解决乡村卫生问题、城市交通拥堵问题，完善居民的社区服务，等等，这些都是公共管理的范畴。总之，公共管理就是让人民生活变得越来越好，让社会越来越和谐。

• 企业管理（Business Management）。企业管理是对企业的生产经营活动进行组织、计划、指挥、监督和协

调等一系列职能的总称。企业管理是尽可能利用企业的人力、物力、财力、信息等资源,实现多、快、好、省的目标,最大限度地提高投入产出效率。比如,企业的人力资源管理、市场营销管理、财务管理、生产运作管理、企业文化建设等,这些都是企业管理所包含的内容,企业管理的目的就是通过上述各种管理活动来提高企业绩效,实现盈利。

• 其他管理(Others Management)。所谓其他管理,是指各种微观领域的管理,如教育管理就是管理者通过组织协调教育队伍,提高教育水平,高效率地实现教育目标;卫生管理,简单来说就是需要自觉保持各类场所的卫生,尤其是在疫情期间的卫生管理会更加严格;各种公共场所的管理,比如公共场所禁止吸烟,主要是为了给人们提供一个良好的公共环境,等等。凡是有人群的地方都必须有管理。

▶ 管理学——从历史中缓缓走来

管理学的产生可以追溯到世界上刚有人类的时候,早在原始人时期,生产力水平非常低,人们为了在恶劣的自然环境中生存,必须集体从事生产活动,如在狩猎时需要由一群人来合作进行,有的负责驱赶,有的挖掘陷阱、有的担任射杀任务,捕获了猎物后进行分配,等等,这些活动都需要人们组织起来协调进行,实际上这就是管理活动。

18世纪前,生产力增长十分缓慢,庄园式的、自给自足的农村经济和作坊式的手工工业,基本上都是以家庭为单位进行的,家长在从事生产活动的同时进行简单的管理工作。

一直到1733年,英国人约翰·怀亚特发明了第一台自动纺纱机,机器的大量使用使手工作坊向工厂发展,大量的工人在一起从事生产活动,社会生产力大大提高。工厂逐渐替代了手工作坊,也带来了一系列的新问题,在专业化生产的条件下,许多工人彼此之间如何协调工作,工人与机器之间、机器与机器之间如何配合,怎样对工人进行培训、激励和管理等,这些问题与手工作坊的管理完全不同。在这样的背景下,管理工作中的计划、组织、控制等职能逐渐形成,同时专门从事管理工作的管理人员从工人中逐渐分离出来,在实践的基础上开始形成管理思想。同期出版的许多著作也开始探讨管理思想。

随着生产力的不断提高,企业规模越来越大,问题也就不断显现出来,比如效率低下、管理困难等。工厂主依

靠自己的经验,采用传统的方法进行管理,为了获取更多的利益,他们不断地增加工人的劳动强度,延长工人的劳动时间,激起了工人的反抗,引起了劳资双方关系的紧张。而这一现象引发了在米德维尔钢铁厂工作的机械工人泰勒的思考,他开始在钢铁厂进行劳动时间和工作方法的研究,实现了著名的"金属切削实验";开始了对于"工时"的研究,并陆续进行了"搬运生铁块实验"和"铁锹实验",从而提出了"科学管理原理"理论;利用甘特图表进行计划控制,创建了世界第一条福特汽车流水生产线,实现了机械化的大工业,大幅度提高了劳动生产率,出现了高效率、低成本、高工资和高利润的局面。

然而,虽然泰勒的科学管理理论和方法对提高劳动生产率起到了很大的作用,但是其视人为机器,没有考虑到工人在精神和情感上的需求,最终引起了工人的不满和反抗。随着科学技术的进步,企业的生产规模不断扩大,工人的文化水平和技术水平都有了提高,在这种情况下采用严格管理和金钱刺激就失去了过去所能起到的作用。在新形势下需要研究人的因素,研究怎样才能调动工人的积极性,从而提高劳动生产率。

人们为了验证生产环境对工人劳动生产率的影响,于1924年开始在位于美国芝加哥郊外的西方电器公司霍桑工厂进行了实验。但是实验的结果却与最初的想象并不一致,到底是什么因素与工人的劳动生产率有关呢?于是西方电器公司邀请了哈佛大学心理学家梅奥和罗特利斯伯格,从1926年开始重新进行实验,一直到1932年实验才结束。这就是管理思想发展过程中具有重要意义的"霍桑实验"。在此基础上霍桑创立了"人际关系学说"。

在第二次世界大战之后,许多国家都致力于本国经济的发展。科学技术飞速发展,生产规模急剧扩大,生产的社会化程度日益提高,这一切都推动了生产力的迅速发展和对管理研究的进一步深入。许多学者结合前人的经验和理论,从不同的角度出发,对管理进行多方面的研究,提出各种不同的分析方法和思想,产生了多种管理学派,出现了"管理理论丛林"现象。这种现象的出现说明了管理受到社会各界广泛的重视,大家都来进行研究,出现了"百家争鸣"的局面,这些学派之间互相补充,从各个方面来阐述管理中的有关问题,极大地丰富了管理思想和管理科学。

直到现在,很多管理学思想都被延续了下来,并且不断地随着社会的发展进步而进行更新和迭代。与此同时,也衍生出更多的适应社会和科技进步的新的管理学

理论和方法，比如我们现在所熟知的大数据、人工智能、云计算和物联网等，都是将现代科学技术与管理紧密融合在一起。其中，大数据管理指的就是通过互联网＋大数据技术，通过大数据分析高效管理企业或者团队，管理层可以通过大数据了解每位员工的工作情况及团队合作方式；员工也可以通过大数据定位自己在团队中的角色并提高工作效率。除此之外，目前已有越来越多的企业通过云计算实现企业云上管理，比如财务方面有金蝶、用友，销售方面有 CRM 等管理系统。云服务发展起来后，也有其第三方云管理平台，比如行云管家，对企业部署在不同云平台上的云资源进行集中管理。云管理平台可以对资源的使用进行监控和计量，这会让系统的可靠性更高，从而让整个云系统更稳定、更安全。通过云管理平台，企业能够实现实时的企业资源管理，为企业节约更多的时间和成本。

综上所述，可以看出管理从原始时期开始，共经历了 5 个阶段(图 2)：早在 18 世纪前管理开始出现；18 世纪后管理思想进入萌芽期；直到 19 世纪末泰勒的出现推动管理学进入古典管理理论阶段；紧接着在 20 世纪 30—40 年代霍桑实验问世，进入新古典管理理论阶段；第二次世界大战后，现代管理理论开始了蓬勃发展，之后一直发展至今。

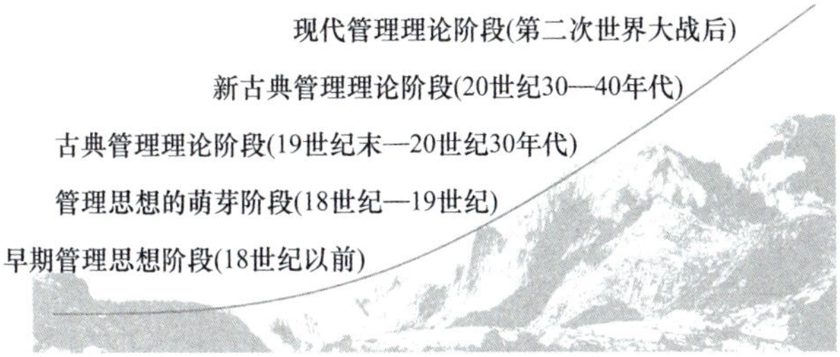

现代管理理论阶段(第二次世界大战后)
新古典管理理论阶段(20世纪30—40年代)
古典管理理论阶段(19世纪末—20世纪30年代)
管理思想的萌芽阶段(18世纪—19世纪)
早期管理思想阶段(18世纪以前)

图2　管理思想发展史

群英荟萃——管理学风云人物

> 群贤毕至，少长咸集。
>
> ——王羲之

▶ 主要管理学理论及代表人物

★ 泰勒与科学管理理论

19世纪的最后几十年中，美国工业出现了前所未有的资本积累和工业技术进步。但是，发展和管理这些工业资源的低劣方式严重阻碍了生产效率的提高。工厂主为了提高生产效率，一味压迫和剥削工人，导致劳资关系日益紧张。直到泰勒的出现，才颠覆了这一现状。他提出了具有跨时代意义的科学管理理论和方法，也因此被后人称为"科学管理之父"。

泰勒出生于美国费城一个富有的律师家庭,中学毕业后考上哈佛大学法律系,但因眼疾而不得不辍学。1875年,他进入一家小机械厂当徒工,1878年转入费城米德瓦尔钢铁厂当机械工人,他在该厂一直干到1897年。在此期间,由于工作努力,表现突出,泰勒很快先后被提升为车间管理员、小组长、工长、技师、制图主任和总工程师,并在业余学习的基础上获得了机械工程学士学位。泰勒的这些经历,使他有充分的机会去直接了解工人的种种问题和态度,并看到提高管理水平的极大的可能性。

泰勒一生大部分的时间所关注的,就是如何提高生产效率。这不但能降低成本和增加利润,而且能通过提高劳动生产率增加工人的工资。泰勒对工人在工作中的"磨洋工"问题深有感触。由于怠工,工人的实际劳动生产率只有他们可发挥的劳动生产率的三分之一左右。产生有组织怠工的原因,不外乎是:工人担心如果大家都以最佳的效率工作,就会迫使有的工人失业;每天的工作量是由管理者任意决定的,管理者还经常降低工人的工资率;管理者对工人的劳动不做任何的科学研究,不对工人进行帮助和指导,只是一味地用计件工资制刺激工人提高效率。泰勒认为,科学的管理可以提高劳动生产率,工

人因此增加了工资收入，企业家因单位产品劳务费的下降而增加利润。用今天的话来说，只要把蛋糕做大了，劳资双方各自所得从量上说就都多了。

1898—1901年，泰勒受雇于伯利恒钢铁公司，进行了著名的"搬运生铁块实验"。该公司有75名工人负责把每块重92磅的生铁块搬运30米的距离装到铁路货车上，他们每天每人平均搬运12.5吨，日工资为1.15美元。泰勒找了一名工人进行实验，评估各种搬运姿势、行走速度、持握位置对搬运量的影响，多长的休息时间为好。经过分析确定了装运生铁块的最佳方法以及有57%的时间用于休息，以此使每个工人的日搬运量达到47～48吨。同时工人的工资收入也有了提高，日工资达到了1.85美元。

在这期间，泰勒做过的另一项著名实验是"铁锹实验"。当时公司的铲运工人拿着自己家的铁锹上班，这些铁锹各式各样，大小不等。堆料场里的物料有铁矿石、煤粉、焦炭等，每个工人的平均日工作量为16吨。泰勒经过观察，发现由于物料的密度不一样，一铁锹的负载就大不一样。如果是铁矿石，一铁锹有38磅；如果是煤粉，一铁锹只有3.5磅。到底一铁锹承载多大的负载才是最好的？经过实验最后确定，一铁锹21磅对工人是最适宜的。他进一步研究了为达到这一标准负载，适用于每种物料的各种铁锹的形状和规格。这样大大提高了工作效率,平均每人每天的操作量提高到59吨,堆料场的工人从400～600人降到了仅需140人,工人的日工资从1.15美元提高到1.88美元。

把"铁锹实验"中一系列的数据归纳成数据表,经过适当的计算,铁锹实验的结果见表1。

表1　　　　　铁锹实验的结果

项目	单位	实验前	实验后
日工作量	吨/日	16	59
铲运工人数	人	516	140
铲运工人日工资	美元/人	1.15	1.88
铲运工人日工资总数	美元	593.4	263.2

看完表1,你有什么感想呢?

★ 法约尔与管理原则

法约尔被后人尊称为"管理理论之父",和泰勒都是同时代的杰出人物,管理科学的奠基人。不同的是,泰勒是以普通工人的身份进入工厂的,他以工厂内部提高效

率为出发点来研究管理。法约尔作为公司的高层领导，将其30年的经验经过升华，形成了涉及整个企业的管理理论，管理理论还适用于政府、军队等各个部门。他说："不管规模大小，也不管工业、商业、政治、宗教等事业如何，在一切事业的经营中，管理发挥着极其重要的作用。"

亨利·法约尔（Henri Fayol，1841—1925年），法国人，著名的管理实践家、管理学家、地质学家、国务活动家，古典管理理论创始人之一。1841年7月29日，法约尔出生于伊斯坦布尔（君士坦丁堡）。亨利的父亲安德烈·法约尔是一名军人，在伊斯坦布尔监督法国与土耳其合作的工程。安德烈退役返回法国后，住在拉武尔特，在勒普赞和勒泰伊的铸铁厂担任主管。幼小的亨利被送到一所教会学校接受启蒙，15岁时，又被送到瓦朗斯皇家高中读书，两年后转入圣埃蒂安国立高等矿业学校（Ecole Nationale Superieure des Mines de Saint-Etienne）。在同届学生中，法约尔是年龄最小的。1860年，19岁的法约尔毕业，并取得了矿业工程师资格。

1860年，法约尔作为矿山工程师进入法国的科芒特里（Commentry）煤矿。刚一出道，他就显露头角，在防治煤矿火灾上做出了卓越贡献，25岁时，法约尔就独当一面，被提拔为矿长，6年后又被提拔为公司煤矿群的总经理。当这个煤矿由合伙公司变成股份公司——科芒特里-福尚堡矿业公司(The Company Commentry-Fourchambault)时,法约尔已经成为公司的中层骨干。此后,法约尔在煤矿地质和采煤技术研究上不断取得新的成就。本来,他是有望成为著名技术专家的,但是,矿长和经理的工作实践,使他深切地感受到管理比技术更重要,时势也把他由技术人员推向管理人员,当公司陷入财务危机后,47岁的法约尔被任命为公司总经理,由偏重于技术的中层管理者转向偏重于经营的高层管理者。一直到1918年退休,法约尔在该公司担任了30年总经理职务。

从担任公司总经理开始,法约尔就深刻地感到,对于企业来说,管理事关生死存亡。他受命于危难之际,出任总经理时,公司财务已极度困难,自1885年起就没有分发红利,福尚堡和蒙吕松的钢铁厂出现亏损,科芒特里和蒙特维克的煤矿已经枯竭,公司总体濒临破产边缘。在这种情况下,法约尔凭借自己的经验和胆识,开始对公司经营进行全盘改革。他调整公司的产能布局,关闭并出售了福尚堡的钢铁厂,保留了蒙吕松的高炉,在因瓦合金(一种铁镍合金,以近于零膨胀系数而形成特殊用途,主要用于制造钟表游丝和测量工具,因法文Invar得名)上取得了技术领先地位。针对科芒特里煤源的枯竭,他主

持购进了布雷萨卡矿井和德卡斯维尔矿井。并购的德卡斯维尔矿区问题较多,法约尔调动了他在科芒特里培养出来的干练人员,很快就扭转了局势。到1900年,原来阴云密布的公司绽放出明媚的阳光。按照雷恩的说法,法约尔是最早用并购方式扩展公司能力、重新进行战略定位并以特种钢取得竞争优势的战略管理先驱。

科芒特里－福尚堡－德卡斯维尔公司(简称科芒堡德公司)在法约尔的主持下,终于重新步入兴旺发达的境界。到20世纪初,这个公司已经是法国财力最雄厚的公司之一。在第一次世界大战中,这个公司为法国做出了举足轻重的贡献。1918年,当法约尔以77岁高龄离职时,公司的财务状况已相当稳定,人员素质也有显著提高。后来,这个公司成为法国中部最大的采矿和冶金联合公司——克勒佐－卢瓦尔公司(Creusot-Loire)的一个组成部分。法约尔自己总结这段经历说:"矿井、工厂、财源、销路、董事会、职工同原来都是一样的,只不过是运用了新的管理方法,公司才得以同衰落时一样的步调复兴和发展。"实践中的成就,使法约尔做好了创建理论的准备。

按照英国学者厄威克在为法约尔的《工业管理与一般管理》英译本写的那篇著名序言中的总结,法约尔的实践经历可以分为四个阶段：1860年至1872年是第一阶段，这时的法约尔作为基层管理者，聪明才智主要用于采矿的工程问题，特别是致力于解决煤矿开采中的火灾事故问题。1872年至1888年是第二阶段，由于法约尔已经主管一批矿井，他开始更多地关注煤田地质和矿井寿命等问题，这使他在地质学上有了深入钻研，写出了专门研究科芒特里煤田的著名地质著作，在1886年和1893年以三卷集形式出版。1888年至1918年是第三阶段，法约尔担任科芒堡德总经理，一头扎进了高层管理，事务繁杂，很少写作。他具有很强的意志，也很有个性，可以为了经营需要放弃自己的学术兴趣，不接受任何与公司无关的名誉职务，以免分散本职工作的精力。正因为如此，他才能在管理理论思考上做出远远超出常人的贡献。1918年至1925年是第四阶段，法约尔退休后致力于宣传普及自己的管理理论，指导国家管理。

★ 梅奥与人群关系理论

在古典管理理论时期，也就是泰勒和法约尔时期，管理理论将工人视为"经济人"，把人看作机器一般，强调对工人严加管理，以规范化和标准化的措施，辅以金钱的刺激来提高劳动生产率，而没有顾及工人在社会生活中与他人之间的交往和精神上、感情上的需求，其结果并没有

有效地提高劳动生产率，反而引起了工人的不满和反抗。尤其是随着工人的文化水平和技术水平的提高，机械式管理和金钱的刺激已无法达到过去的管理效果。

新形势下，人们开始研究人的因素，也就是如何调动工人的积极性，提高生产率。因此，梅奥和他的"霍桑实验"应运而生。

乔治·埃尔顿·梅奥（George Elton Mayo，1880—1949）出生于澳大利亚，毕业于澳大利亚的阿德莱德大学，获该校逻辑学和哲学硕士学位。曾任澳大利亚昆士兰大学的逻辑学和哲学教授。后到苏格兰的爱丁堡从事医学研究，并成为一位精神病理学副研究员。1923年接受洛克菲勒基金资助移居美国，任教于宾夕法尼亚大学。1926年进入哈佛大学任教直至1947年退休。

霍桑工厂位于美国芝加哥西部的工业区中，有25 000多名工人，是西方电器公司旗下一家专门为美国电报电话公司生产和供应电信设备的企业。在厂方的支持下，由管理学家和厂方工作人员共同组成了研究小组。研究是从照明条件开始的。

第一阶段，研究者选择了一些从事装配电话继电器这样一种高度重复性工作的女工，将她们分为"对照组"

和"实验组",分别在两个照明度完全相同的房间里做完全相同的工作。在实验中,对照组的照明度和其他工作环境相比没有什么变化,实验组则将照明度进行各种变化。在实验组里,照明度提高,产量是上升的,可是照明度下降,包括有一次甚至暗到只有0.6烛光,也就是近似月光的程度,产量也是上升的。更令人奇怪的是,在对照组,照明度没有任何变化,产量同样是上升的。困惑之下,研究者转而对工资报酬、工作时间、休息时间等照明以外的其他因素进行同样的实验。如把集体工资制改为个人计件工资制,上午与下午各增加一次5分钟的工间休息时间并提供茶点,缩短工作日和工作周等,产量是上升的。可是,当实验者废除这些优厚条件时,产量依旧上升。在实验期间,继电器的产量从最初的人周均产量2 400个一直增加到3 000个,提高了25%。既然无论在哪种工作条件下,也无论这些工作条件变还是不变,变好还是变坏,产量都是上升的,有研究人员开始怀疑实验本身及其前提了,是不是工作的物质环境和工人的劳动效率之间本来就没有明确的因果关系?这样,实验持续到1927年的时候,所有的人都准备放弃了。

这年冬天,梅奥在纽约的哈佛俱乐部给一些经理人做报告。听众中有一个叫乔治·潘诺克的人,是西方电

器公司参与霍桑实验的人,把霍桑实验中的怪事告诉了梅奥,并邀请他作为顾问参与这一研究。梅奥立即对霍桑实验的初步成果产生了兴趣,并敏锐地感到解释霍桑怪事的关键因素不是工作物质条件的变化,而是工人们精神心理因素的变化。他认为,作为实验对象的工人由于处在实验室内,实际上就成为一个不同于一般状态的特殊社会群体,群体中的工人由于受到实验人员越来越多的关心而感到兴奋,并产生出一种参与实验的感觉。这才是真正影响了工人的因素,与这个因素相比,照明、工资之类都只是偶然性的东西。

这样,以梅奥为核心人物的哈佛研究小组来到霍桑工厂,霍桑实验进入新的阶段。这是管理历史中一次至关重要的航程的开端。

首先,哈佛研究小组提出5项假设来解释前一段照明实验的结果,并逐一进行检验。

(1)改进物质条件和工作方法,导致产量增加。这种解释被否定了,因为物质条件和工作方法无论改进,还是恶化,产量都会增加。(2)增加工间休息时间和缩短工作日,导致产量增加。这种解释也被否定了,因为关于工间休息和工作日的特权无论增加,还是取消,产量也都会增加。（3）工间休息减轻了工作的单调性，从而改变了工人的工作态度，导致产量增加。这种解释同样被否定了，因为工作态度的改变不一定仅仅是工间休息造成的，也可能是工人感到被重视造成的。（4）个人计件工资制刺激工人积极性，导致产量增加。这种解释还是被否定了，虽然在一个实验组中，工资制度由集体刺激改为个人刺激时产量增加，再由个人刺激改为集体刺激时产量减少，可是在另外一个没有改变工资制度的实验组中，产量也是持续增加的。（5）监督技巧即人际关系的改善使工人的工作态度得到改进，导致产量增加。这种假设得到实验支持和研究小组的认可。专家们认为，产量的高低，也就是工人积极性的高低，主要不是取决于传统理论所认为的工作的物质条件和工人物质需要的满足与否，而是取决于工人的心理因素和社会需要的满足与否，也就是说，工人在实验中感到自己是被选出并被重视的特殊群体，因此产生自豪感，并激发出积极参与的责任感，使产量得到提高，而福利措施和工作条件等已退居为较次要的原因。

第二阶段，进行访谈。在改变照明和福利条件的实验之后，研究者已经明确意识到，工作环境中的人的因素比物质因素对工人积极性的影响更大，于是又开展了访谈实验。访谈实验开始时是由研究者拟订一份谈话提

纲,要求工人就提纲中列出的厂方的规划和政策、工头的态度、工作的条件等发表意见。可是访谈实验开始后,工人表示不想受提纲的限制,而是更想谈一些提纲以外的问题。也就是说,厂方和研究者认为是意义重大的事情并不是工人最关心的事情。于是,研究者及时调整了访谈计划,不再规定谈话的内容,而让工人随意谈自己关心的事情,每次谈话的平均时间由半小时延长到一小时,研究者不进行任何道德说教和劝说,也不表达自己的情绪和立场,只是详细地记录工人的不满和意见。这项持续了两年多的实验并没有给工人解决任何具体问题,却使产量大幅度提高。专家们认为,这是由于长期以来工人对厂方积累了许多不满而无处发泄,从而影响了积极性,访谈计划恰恰给工人以发泄的机会。工人的不满情绪发泄后感到心情舒畅,士气提高,产量自然提高。

第三阶段,进行非正式群体研究。早在泰勒时代,人们就已经注意到工人中出于某种非正式关系的压力会出现有组织的怠工。哈佛研究小组选择了14名男工,包括9位接线工、3位焊接工和2位检查员,作为实验组,隔离在单独的房间,让他们从事接线器的装配工作。这一阶段有了一些重大发现。

第一,大部分成员都自行限制产量。公司规定的工作定额为每天焊接7 312个接点,但工人们完成6 000~6 600个接点,原因是怕公司再提高工作定额,怕因此造成一部分人失业,要保护工作速度较慢的同事。

第二,工人对不同级别的上级持不同态度。把小组长看作是组内的成员,小组长以上的上级,级别越高越受大家的尊敬,大家的表现也越好。

第三,成员中存在着一些小派系。每一个小派系都有自己的一套行为规范,派系中的成员如违反这些规范就要受到惩罚,谁要想加入就必须遵守这些规范。

从1924年到1932年,霍桑实验持续了9年。通过霍桑实验,可以得出一个结论:人们的生产效率不仅要受到物质条件和环境的影响,更重要的是受社会因素和心理因素等方面的影响。1933年,梅奥出版了《工业文明中的社会问题》,对实验进行了总结,提出了人群管理理论。

▶ **国内外当代优秀管理者实例**

★ **人才的缔造者:查尔斯·科芬**

通用电气公司(以下简称通用电气)由发明大王爱迪生创立,是全球最悠久、最成功的多元化企业之一。其不仅推出过众多先进的产品,还培养了一批又一批杰出的

企业家与职业经理人,一直是全球企业管理的典范。通用电气总是在不同的时期挑选出最合适的领导者,从某种意义上来说,通用电气的首席执行官就代表了西方企业管理实践的最高境界。

这就不得不说到通用电气的第一代领导人查尔斯·科芬(Charles A. Coffin),他创造了一个不必依赖他的组织体系,这也使得通用电气成为世界上最为悠久和成功的企业之一。与其他领导者相比,科芬对于通用电气的成功有着卓著的贡献,他创造了能人才辈出的人才选拔机制,是一位真正的造钟者。

许多人从未听说过查尔斯·科芬,因为他的名字被通用电气的创建者、大发明家爱迪生掩盖了。但他的伟大之处在于,是他使通用电气公司长久不衰,并成为他人竞相模仿的典范。他在1892年至1912年担任通用电气公司第一任总裁期间,完成了两项意义深远的创新:一是建立了美国第一个研究性实验室;二是提出了系统管理的思想。他不仅创造了一套思想和体制,而且使这个体制脱离他也能发展。科芬的一些继任者也展现出杰出的智慧和能力,有的名声比他还响,但他们也要依赖科芬搭建的舞台。

其实，电气制造业只是查尔斯·科芬的第二份事业。此前，他是个成功的制鞋业老板。1844年，查尔斯·科芬出生于美国缅因州的费尔菲尔德。18岁时，迁居到马萨诸塞州的林恩，进入叔父的鞋店。后来，他创办了自己的鞋业制造公司，到1883年，他已在这个行当获得了很大成功。就在这一年，林恩的一位商人赛拉斯·巴顿打算把一家康涅狄格州的电气公司搬到这个城市。这家公司是由一个年轻人创办的，公司的主要资产是发明天才伊莱休·汤姆森。汤姆森搞技术发明是把好手，但不善经营，需要有人替他执掌商务。科芬得到了这份差事，负责领导这个新成立的公司——汤姆森·休斯敦公司。这家电气公司很快发展壮大，与托马斯·爱迪生创办的爱迪生通用电气公司呈双雄并立之势。1892年，这两家公司强强联手，合并创建了通用电气，由查尔斯·科芬出任首任CEO。

查尔斯·科芬为人谦和，深谙用人之道。他从未以公司最高首脑自诩，把自己凌驾于众人之上，他总是称呼自己的部下为"我的同事"，而不是"我的下属"。同事们也都一致认为他是一个亲切高尚的绅士，令人愉快的同伴。他从不命令手下人做这做那，而是依靠自己的说话技巧，加以提议和暗示，使他们心领神会，领悟到自己应

该干什么,心甘情愿地主动出击。反过来,他本人也总是和蔼优雅地从周围的人当中主动寻找并乐于接受他们提出的想法和建议,然后在关键问题上果断决议,并付诸实施。客户和竞争对手都知晓,他既是杰出的谈判好手,也是杰出的电气商。他满怀兴致地参与主要的商务会议,经常亲自动手给重要的客户写商业建议。在气氛紧张的商务会谈中,他知道如何用一个适当的小趣闻让大伙放松下来,知道如何画龙点睛地说出几句关键的话语,使事情最终转向成功。

对于他来说,带领公司闯过困境的最大一次考验发生在1893年。当时,通用电气创立还不足两年,面临的现金短缺困境危及公司的生存。他沉静自若地与纽约银行的 J. P. 摩根进行协商,以通用电气持有的公用事业股票贷到了急需的款项。这个策略挽救了公司,使通用电气在他的任期内迅速复苏和发展。尤其重要的是,他把一个强有力的公司、优秀的企业机制和多种美德传递给了一代又一代的通用电气总裁,使这家公司成为历经百年而不衰的企业常青树。

★ 全球第一CEO:杰克·韦尔奇

杰克·韦尔奇(Jack Welch)1960年毕业于伊利诺伊

大学，获化学博士学位，毕业后加入通用电气塑胶事业部。一年后，他痛感公司的官僚主义体制令人窒息，准备辞职另谋他就。不过，他年轻的上司极力挽留他，最终使他答应留下来为通用电气效力，条件是他将不受公司官僚作风的干扰。

1968年，因为在塑料制品部门的成功，韦尔奇成为通用电气最年轻的总经理。1971年底，韦尔奇成为通用电气化学与冶金事业部总经理。1979年，韦尔奇担任副董事长。他由于憎恨官僚主义，被称为"异类"管理者。

1981年，韦尔奇接替雷吉·琼斯就任通用电气第八任总裁。当时，韦尔奇是12个接班候选人中希望最小的，因为韦尔奇从性格、气质、行为方式等方面都和雷吉·琼斯截然不同，而且当时的韦尔奇只有45岁，是最年轻的一位候选人。但是，雷吉·琼斯独具慧眼，事实也证明选择韦尔奇是正确的。

韦尔奇在位的20年，将一个弥漫着官僚主义气息的公司，打造成充满朝气、富有生机的企业巨头。韦尔奇带领通用电气从一家制造企业转变为以服务业和电子商务为导向的企业巨人，使具有百年历史的通用电气成为真正的业界领袖及企业。他所推行的"六西格玛"标准、全

球化和电子商务,几乎重新定义了现代企业。

当45岁的杰克·韦尔奇执掌通用电气时,这家已经有百余年历史的公司机构臃肿,等级森严,对市场反应迟钝,在全球竞争中正走下坡路。按照韦尔奇的理念:这个企业能否跻身于同行业的前两名,即任何事业部门存在的条件是在市场上"数一数二",否则就要被砍掉、整顿、关闭或出售。

于是,韦尔奇首先着手改革内部管理体制,减少管理层次和冗员,将原来8个层次减到4个层次,甚至3个层次,并撤换了部分高层管理人员。他精简了这家企业集团臃肿的官僚机构,让经理们可以自由地做出他们认为有利于盈利的改变。此后的几年间,他砍掉了25%的企业,削减了10多万个岗位,将350个经营单位裁减合并成13个主要的业务部门,卖掉了价值近100亿美元的资产,并新添置了180亿美元的资产。

韦尔奇初掌通用电气时,通用电气旗下仅有照明、发动机和电力3个事业部在市场上保持领先地位。18年后,通用电气已有12个事业部在其各自的市场上数一数二。18年来,尽管其他许多公司在严峻的全球经济中像多米诺骨牌一样纷纷倒台,它们的总裁也像走马灯似的繁变换，但是韦尔奇始终领导着通用电气，并创造了收入和利润的一个又一个奇迹。

除此之外，韦尔奇在继承雷吉·琼斯科学管理的同时，增加了带有东方管理风格的人文精神，积极与客户、员工交往。他在任期间亲自教练和培养近80名高级管理者，到企业大学Crotonville培训中心亲自教课超过300次，共培训了15 000多位中高级管理人员。韦尔奇在变革时代的领导模式代表了世界企业领导理论，并为众多企业和管理者所仿效。

★ 杀伐果断铁娘子：董明珠

提起董明珠，竞争对手们是这样形容她的："董姐走过的路寸草不生。"可见这位铁娘子的厉害之处。而格力内部的员工这样评价他们的女上司："说话铿锵有力，做事雷厉风行，即便不化妆，她也比实际年龄看起来年轻许多。"媒体们则说："这个女子，虽然36岁前的人生平淡无奇，但36岁后的她，却用自己的坚韧和执着走出了一条别人无法复制的路。"

她是现任格力集团董事长、格力电器董事长兼总裁，世界十大最具影响力的华人女企业家、全球商界女强人50强、全球100位最佳CEO——董明珠。在2013年12

月 12 日央视举行的第十四届 CCTV 中国经济年度人物颁奖晚会上,董明珠荣获 2013 中国经济年度人物奖。

实际上,董明珠和那个年代的很多人一样,出身平平,1954 年,她出生于江苏南京的一个普通人家。1975 年在南京一家化工研究所做行政管理工作。在 36 岁前,她的生活一直是平淡无奇。直到 1990 年,董明珠毅然辞去工作,南下打工。当时已经 36 岁的她来到格力,从一名基层业务员做起,不知营销为何物的董明珠却靠着坚毅和勤奋不断创造着格力的销售神话。

1995 年,董明珠成为格力的销售经理,下属们是这样看当时的这位女上司:是个从不按牌理出牌的人,她的"牌理"只有一个——自己的原则,自己认为对的。

董明珠上任后面对的第一个问题是在隆冬时分积压了 19 000 套空调。对此,大家通常的做法是每台降价 300 元卖出了事。董明珠说:"不行,正常产品降价有损形象。"她的做法出人意料,她把积压空调分摊给每个经销商。销售员没想到新官上任的三把火会烧到自己身上,而且烧个没完。

生活细节上,这位铁娘子还做了这样一个规定"上班时间不许吃东西,一经发现,第一次罚 50 元,第二次罚

100元,第三次走人"。当所有人以为这也就说说而已时,一天,董明珠走进办公室,发现8名员工正在吃东西,仅过了10秒钟,下班铃就响了。董明珠毫不客气,每人罚了50元,大家目瞪口呆。董明珠说,只要违犯原则,再小的事,都是大事,都要管到底。

一天,有一个年销售额达1.5亿元的大经销商来格力厂要求特殊待遇,语气中透着不容商量的傲慢。董明珠非但没有理他,反而狠狠反击:把他开除出格力经销网。所有人都在为这位女上司捏一把汗,一个位子还没有坐稳的销售经理,一天之内,竟毫不犹豫地扔掉1.5亿元的年销售额。董明珠的回答很简单:只要违反原则,天王老子也给我下马。

女强人的铁腕让经销商们不得不服软。正是这样一个女强人、铁娘子才带给了格力如今的盛况。即使在如今这个仍然是男性主导的商业领域里,即使社会上有许多不看好她的眼光存在,董明珠依然靠着自己的胆识、能力和手段在商场上大放异彩。

★ 科技未来的洞察者:李彦宏

想必大多数人都用过一个搜索引擎——百度,"百度一下,你就知道"在很多年前就已经成为我们耳熟能详的

口号,百度曾解答了不知多少个求知者的困惑。而这一切,都要归功于百度的创始人、中国最大搜索引擎的缔造者——李彦宏。

李彦宏,1968年出生在山西阳泉一个普通家庭。1987年,李彦宏以阳泉市第一名的成绩考上了北京大学信息管理专业。从大三开始,李彦宏买来托福、GRE等书,过着"教室—图书馆—宿舍"三点一线的生活,目标是留学美国,学习计算机专业。

1991年李彦宏去美国读书,之后在硅谷做了几年技术员。1999年,国内互联网创业势头正兴,搜狐、新浪、网易各大门户网站相继创立,阿里巴巴、腾讯融资成功,唯独缺少搜索引擎的创业公司,李彦宏看到时机已到,于是决定回国创业。他在北大资源宾馆租了两间房,连同1个财会人员、5个技术人员,以及合作伙伴徐勇,8人一行,开始创建百度公司。

刚开始,百度公司只是为各大门户网站提供搜索技术服务,渐渐的李彦宏意识到这不是百度要走的路,于是他在董事会上提出要开展"竞价排名"计划,并转型做独立的搜索引擎网站。然而,他的这个提议遭到股东们的一致反对,但李彦宏意志坚决、力排众议,最终说服投资人同意了他的决定。这是百度公司发展史上最重要的一次决定，从此百度成功转型。

直到现在，由于百度在搜索引擎领域取得的成绩太过深入人心，以至于不少人在提到这家公司时，仍将其视为搜索引擎公司。但事实上，如今的百度，除了全球最大的中文搜索引擎及最大的中文网站这个身份之外，还是全球领先的人工智能平台型公司。

一个几乎不为人知的细节是，李彦宏对人工智能趋势的捕捉，早在25年前就已开始。人工智能领域的佼佼者之一、百度研究院前副院长、深度学习实验室主任余凯透露，李彦宏在美国读研究生时发表的论文就是关于人工智能OCR字符识别的，"Robin（李彦宏）本身就对人工智能有着很强的敏锐度和关注度"。站在人工智能起点的李彦宏，已看见未来。

如今，百度在无人驾驶、智能机器人、智能语音交互、智能云、智能城市建设等方面均已推出领先级产品。令人眼花缭乱的动作背后，是李彦宏希望通过抢占新一轮科技革命制高点，解决我国人工智能基础支撑能力不足等问题的深层考量。

依托百度20年的技术沉淀,李彦宏在硕士时代就开始期待的那件叫作"以后"的事,终于开出花来、果实累累。

慎思明辨——选择管理学的理由

博学之，审问之，慎思之，明辨之，笃行之。

——《礼记·中庸》

上一章我们了解了管理学的风云人物，同学们是不是也想成为像他们一样的成功人士？是否被他们的故事所吸引从而对管理学产生了进一步的兴趣？如果答案是肯定的，那么学习管理学不失为一个难以拒绝的选项。本章从自我实现、社会发展、大国博弈和与时俱进四个方面来阐述选择管理学的理由，供同学们慎思明辨。

▶ 自我实现为什么需要管理学？

自我实现是指个体的各种才能和潜能在适宜的社会环境中得以充分发挥，实现个人理想和抱负的过程；亦指

个体身心潜能得到充分发挥的境界。美国心理学家马斯洛认为这是个体对追求未来最高成就的人格倾向性,是人的最高层次的需要。

★ 自我实现的途径——自我管理

自我管理(Self-management),可以视为与自我的关系管理,就是指个体对自己本身,对自己的目标、思想、心理和行为等表现进行的管理,自己把自己组织起来,管理自己,约束自己,激励自己,最终实现自我奋斗目标的一个过程。自我管理注重的是一个人的自我教导及约束的力量,即行为的制约是内控力量(自己),而非传统的外控力量(教师、家长)。常见的自我管理方法如下:

➡ 时间自我管理技能

有效地进行时间自我管理,第一是必须有一套明确的远期、中期、近期目标;第二是有一个价值观和信念;第三是根据目标制订长期计划和短期计划,然后分解为年计划、月计划、周计划、日计划;第四是相应的日结果、月结果、年结果及各项结果的反馈和计划的修正。这个过程实际上是一个循环,即计划、执行、检查、处理四个阶段的循环。

在进行时间管理时,要特别注意以下方面:时间自我管理与目标设定、目标执行有相辅相成的关系,时间自我管理与目标自我管理是不可分的;在时间自我管理中,必须学会运用二八原则,要让20%的投入产生80%的效益。从这个角度说,就要把一天中的20%的精锐时间用于关键问题的思考和准备,当然需要根据个人的生活状态、生物钟来确定20%精锐时间是哪个时候;唯有计划,才有效率和成功。评估时间管理是否有效,主要看个人的目标是否实现。时间管理最关键的要素是目标设定和价值观;时间自我管理技能的关键技巧是习惯,个人运用时间自我管理工具变成习惯了,就什么都变得有序了,有效了。

➡ 潜能开发自我管理技能

潜能开发的本质是脑力开发,也称"第五层次开发"。人的第一层次开发是"知识更新";第二层次开发是"技能开拓";第三层次开发是"思维创新";第四层次开发是"观念转变"。个人的成功是潜能开发的过程。经理人进行潜能开发应是全方位的,因为你既有的能量只是总能量的一小块,而更大的一块则在水底,你无法看到,水面下面的那一块正是人类的奥秘所在。这就是管理学中常说的"冰山理论"。

潜能开发有几种技巧:设立目标,并且使目标视觉化;自我正面暗示,排除负面暗示,正面暗示能使你充满自信;光明思维,即思考问题要看到事物光明面;综合情绪,情绪与智力正如鸟之两翼,车之两轮,可以帮你走向成功的彼岸;放松自己,使心灵松弛下来。

潜能开发的误区包括:一是,没有认识到自己有潜能;二是,只把着眼点放在某些具体技能上,没有注意到一个人需要均衡发展;三是,潜能开发与做事是两回事,不要每天只是开发潜能不做事。

➡ 健康自我管理技能

狭义的健康自我管理仅指在医学领域内针对个人的身心健康的管理。广义的健康管理是建立在生理学、心理学、组织行为学等学科的研究基础上,对个人发展完善状态的研究和实践。其关注要素有行为、营养、关系、环境、心理等。

健康管理工具的流程:认知—评估—策略—实施。

健康管理的误区包括偏见、片面、偏离和忽视。偏见:对健康问题不够重视,认为健康问题是医院关注的问题,不知道身心与环境的微妙关系随时影响着工作和生活,更无法接受组织健康管理的概念。片面:对从报纸杂志,甚至道听途说得来的一些健康指南就确信无疑。无论是在营养、运动还是关系调整方面都是心血来潮,追随时尚而对自己没有全面的认识和分析。偏离:在身体,心理和环境三者的关系上只注重一个或两个方面,而没有有机地统一这个关系,这就必然导致行为的偏离。忽视:经常见到对健康管理问题视而不见的现象。越是工作压力大就越不顾及健康问题,而压力造成的各种问题进一步恶化,陷入恶性循环。

→ **学习力自我管理技能**

学习力是一个人学习态度、学习能力和学习持久性之总和。这也是动态衡量人才质量的真正标准。"未来属于那些热爱生活、乐于创造和通过向他人学习来增强自己聪明才智的人。"亨利·德特丁爵士(Sir Henri Deterding)所说的这句话完全适用于 21 世纪那些开明的经理。以下是六种终身学习的实践方法:

自觉学习:反省检讨自己的心结在哪里,盲点是什么,有哪些瓶颈需要突破,是自我精进的关键途径。流通学习:与人分享越多,自己将会拥有越多。快乐学习:终身学习就要快乐学习,开放心胸并建立正确的思维模式,通过学习让自己有心理准备,应对各种挑战及挫折。改

造学习：自我改造，通过学习向创造价值和降低成本努力，这种改造的效果往往是巨大的。国际学习：无国界管理的时代，不论是商品、技术、金钱、资讯、人才等，皆跨越国界流通。因此，身为现代经理人，学习的空间也应向国际化扩展，开创全球化学习生涯。自主学习：每个人都有自己的生活规划，要自主地选择学习项目，安排自主学习计划，以迎接各种挑战。

★ 管理学对个人综合素质的提升具有潜移默化的影响

这里之所以说是潜移默化的影响是因为管理学中的许多思想观点看似空洞，实则对于个人成长具有重要的指导意义。最明显的例子是管理学中涉及许多有关管理者的重要内容，其中对于管理者应具备的素质的要求同样可以作为提高我们个人综合素质的要求。

➡ 应具备基本技能和能力

人际关系技能。无论是学校、单位、家庭还是在社会中，无论是工作学习还是日常生活中我们都免不了要和人打交道，因此人际关系方面的技能是必不可少的。在这方面一是要以诚待人；二是要能设身处地地为对方着想；三是说话要有分寸，讲究方式和方法。

综合分析技能。学习、工作和生活中产生的问题会以不同的形式表现出来，我们观察到的各种现象，有的可能是一种假象，有的可能是表面现象。这要求我们必须要掌握分析、综合的能力，透过现象看本质，在此基础上采取适当的措施，并要充分考虑这些措施对其他方面可能产生的影响。

创新技能。面对不断变化的环境和不断出现的新问题，我们应具备创新的能力，主动去思考新问题是在什么条件和什么背景下产生的，与以往相类似的问题有什么不同之处，运用自己多方面的知识和经验进行分析和判断，找出新问题中的内在规律性的东西，进行逻辑推理，再到实践中去验证解决问题的方案，然后总结提高，形成新概念和新思想。创新技能有一部分来自不断发问的能力和坚持不懈的精神；还有一部分可以在一定的知识积累的基础上，训练出来，启发出来，甚至"逼出来"；创新最关键的条件是解放自己。因为一切创造力都源于人的潜在能力的发挥。

➡ **要具有优秀的品德**

一个人具有什么样的品德，取决于他有什么样的价值观。价值观是抽象的，它体现了每个人对周围客观存在的、影响自身发展的各种事物的重要性的看法和评价，

从他的思想观念和行为准则上表现出来。中华民族的腾飞是一个较长时间的过程,振兴中华、匹夫有责,作为后备力量的青年人更要有强烈的使命感和紧迫的责任感,把小我融合到实现中华民族伟大复兴的伟业中去。

把远大的理想落实到日常行动中,怀着强烈的进取心,渴望在本职岗位上有所作为,踏踏实实,勇挑重担,克服种种困难,在工作或学习中做出成绩。

➡ 要有良好的心理素质

一个人即使具有很高的智商和很强的能力,也未必能在他的事业中获得成功,这说明还有一个因素——心理素质——在起着很重要的作用。而这一点往往容易被人忽略。

我们在日常生活中可能由于疏忽而造成失误;可能在与他人交往中,一片好意被人误解;可能在解决困难的过程中,遇到挫折;也可能在与对手竞争中,遭到失败;等等。此时,首先我们遇到的问题是在困难、误解、风险、失败、挫折面前能否承受住巨大的压力。能,还有前进和成功的可能;否,被压力压垮,则什么也谈不上。人在一生中,遭受挫折和失败是常事,以良好的心理素质来承受各种压力就不是人人都能做到的,再加上一些客观原因,成功者其实只是少数。

一个人会有顺利的时候、成功的时候,但也会有失败的时候;自己的好主意、好办法,不能被别人接受,甚至遭到拒绝;在学习中、生活中遇到了不顺心的事;到了一个新环境,人生地不熟,焦虑不安。这时人的情绪波动大,需要有很强的自我控制能力,控制情绪,控制言行。

在工作中要能承受压力,要能自我控制,在个人生活和家庭生活中也是如此。但是一个人不可能永远在压力下生活,这就需要自我调节,有张有弛。要以乐观的态度看待人生,看待竞争和压力,适时调节一下自己的生活,参加一些娱乐活动,休几天假养精蓄锐。也可以适当地转移一下自己的兴奋点,阅读几本书,做些手工。

除了要具有优秀的品质、丰富的知识和良好的心理素质外,还要注意自己的穿着、仪表、举止和谈吐,这些都是很必要的。

➡ **重视实践**

没有人生来就注定会成功。要承认一个人的天赋在成长过程中的作用,但是更要强调教育和实践的作用。首先要在学校里接受教育,学习各种知识,打好基础。走上工作岗位后,在工作之余要持之以恒地更新和补充知

识。因此，接受教育是成长过程中不可缺少的，但又不是为了学习而学习。学是为了用，从这一点上说，实践是成长的关键。

如果我们想要做出一番成绩，就必须在实践中经受磨炼，积累经验，增长才干，不断学习，不断提高素质，除此别无他法。

▶ 社会发展为什么需要管理学？

了解了管理学与自我实现的关系，接下来我们将视角拓展至社会环境。管理学从诞生之日起就与社会发展有着天然的血肉联系：一方面，管理学来源于社会生产的实践；另一方面，管理学反作用于社会的发展。

★ 管理的二重性

马克思指出："一切规模较大的直接社会劳动或共同劳动，都或多或少地需要指挥，以协调个人的活动，并执行生产总体的运动——不同于这一总体的独立器官的运动——所产生的各种一般职能。"马克思还指出："凡是直接生产过程具有社会结合过程的形态，而不是表现为独立生产者的孤立劳动的地方，都必然会产生监督劳动和指挥劳动。"

这两段论述清楚地告诉我们,社会生产是由许多人的共同劳动构成的,必须进行协调。从这一点上说,管理是与社会化大生产联结在一起的,同时社会化大生产也要求进行有效的管理,即通过发挥计划、组织、领导、控制职能,优化配置和高效地利用各种资源,以获得尽可能好的经济效益。如果不进行有效的管理,社会化大生产就无法进行,社会也无法发展。这是规律,因此管理具有自然属性。

这两段论述,同时又告诉我们,协调许多人的共同劳动,必然要充分体现生产资料所有者的指挥和监督。离开了这种指挥和监督,就无法进行协调,社会化大生产也无法进行。此时,管理又体现出生产关系这一社会属性。

管理所体现出的自然属性和社会属性实质上是由生产过程具有两重性决定的,也就是社会生产既是物质资料的再生产,又是生产关系的再生产。

我们过去在对管理具有自然属性和社会属性的认识上有很大的片面性,往往过多地强调在资本主义制度下资本家采用各种现代化的管理方法来加大对工人创造的剩余价值的剥削,以取得最大的资本利润率,抹杀了管理在生产过程中所起到的巨大作用和所体现出来的自然规

律。其结果必然是把管理作为资本家对工人进行剥削的手段而予以排斥。这样做的结果其实是阻碍了我们国家经济建设和发展的步伐。

列宁在对"泰勒制"进行科学分析时提出：一方面，它是为资产阶级服务的，是榨取工人血汗的"科学"制度；另一方面，它又包含了一系列最丰富的科学成就。我们可以从西方的管理方法、手段和管理学中学习许多反映社会物质生产过程中具有普遍规律性的东西，为我所用，为建设具有中国特色的社会主义所用。这种学习不是生搬硬套，不是生吞活剥，而是要结合我国国情，结合我们优秀的历史传统，创造和形成具有中国特色的管理理论和管理方法。

★ 管理与生产力发展

英国在工业革命之前，生产力水平低，在手工作坊里，管理者同时也是生产者，主要是家庭成员在一起从事生产，一般只雇用少量的工人。在工业革命之后，蒸汽机的出现，把过去的手工作坊变成工厂，管理与直接从事生产相分离，管理思想逐渐形成，先后出现了像亚当·斯密（Adam Smith）等管理学的先驱。当时最重要的管理思想是劳动分工，实行专业化、标准化生产。

亚当·斯密在1776年发表的代表作《国民财富的性质和原因的研究》（简称《国富论》）中举了一个制针的例子。一个受过训练的工人要独自完成针的制作，那么一天也制作不出20根来。如果把制作过程分成18道工序，由每个人负责1~2道工序，则10个人的工厂一天可以生产48 000根针，即一个人平均日产4 800根针，劳动生产率的提高是十分惊人的。

专业化、标准化的思想到了泰勒所处的时代得到了进一步发展。以后各种管理思想纷纷涌现，科学的管理代替了以前传统、经验型的管理，极大地推动了生产力的发展。

今天，科学技术的发展日新月异，生产力的发展更是突飞猛进，劳动生产率迅速提高，这一切给管理学提出了新的、更高的要求，也为管理学的发展创造了条件和提供了机会。

▶ 大国博弈为什么需要管理学？

下面我们将思考范围聚焦于国家层面。大国博弈，综合国力起着决定性的作用，管理能力同文化能力一样，都是重要的软实力，是综合国力的重要组成因素。无论

是国家内部的经济管理、公共事业管理、环境管理还是国家交往间的外事管理，管理思想方法都扮演着不可或缺的角色。

★ 管理水平是决定一个国家兴旺发达的重要因素之一

企业管理的好坏决定了一个企业的成败，对一个国家来说也是同样的。企业、学校、商场……如果都管理得很好，国家自然就兴旺发达。

最明显的例子莫过于日本。第二次世界大战战败后，日本的经济虽然已经开始慢慢恢复。但日本毕竟是一个岛国，面积狭小，自然资源贫乏。可是在几十年间日本的经济飞速发展，日本的汽车、家电产品、数码产品等遍布全世界，国民生产总值一度居世界第二位。这一经济奇迹的出现引起了西方企业界的紧张和管理学界的兴趣。

研究的结果是，日本人在自己民族文化和历史的基础上形成了一套有效的管理方法。美国学者在比较了美国大公司和日本松下电器公司的管理后，提出了管理的"7S 模型"，即结构（Structure）、战略（Strategy）、系统（System）、作风（Style）、人员（Staff）、技能（Skills）和共同的价值观(Shared Values)。显然日本的管理与西方的管理相比独具特色。日本人甚至提出了生产第四要素理论,即与土地、劳动和资本一样,管理也是生产要素之一。

日本人创造了不同于欧美的一整套管理制度、方法和思想,其实他们在许多地方借鉴了我国的文化,儒家思想显然是日本管理思想的主导之一,强调以人为本等。

当今社会和时代的发展要求我们迅速实现管理现代化,同时也为管理的现代化、管理思想的发展创造了前所未有的大好机会。邯钢、海尔等成功企业经验的出现和迅速在全国各行业的推广就是最好的例证。

中华民族的崛起呼唤着管理学者和管理工作者在伟大的实践中创造和发展具有中国特色的管理思想、管理方法,为管理科学的发展做出贡献。

★ **大国关系中的外事管理**

世界是普遍联系和相互影响的,这是马克思主义的认识论。随着经济全球化的发展,国家间、地区间的社会生产联系日益紧密。经验证明,一国的发展离不开世界,必须敞开胸怀,拥抱世界。随着国与国之间交往越发密切,外事管理也应运而生。

外事管理由外事和管理两个概念组合而成。管理是通过计划、组织、指挥、激励和控制等环节协调人力、物力和财力资源，以期更好地达到组织目标的过程。外事是指国家的对外事务。狭义的外事主要指外交部门、外交代表机构同外国政府及其机构、国际组织和国际机构所从事的活动。广义的外事则指国家机关与外国政府，国际组织，国际机构，外事企业，团体，外宾，侨民所进行的政治、经济、文化、法律、军事、旅游等一切交涉、会谈和活动。外事管理是一个具有宏观性质的行政管理，是对包括外交在内的一切涉外行政事务的管辖和处理。外事管理有自己的目标、原则、规范、主题和手段，是外交、外事及一切涉外活动健康发展的保证。

外事管理是人类社会管理活动的一个重要方面，它的萌芽在原始公社末期就已露端倪，在外交史上通常称之为"原始外交"或"神话外交"。严格意义上的外事管理是在阶级和国家出现之后才产生的。在奴隶社会和封建社会出现了比较固定的外事管理组织、专职和兼职的外事人员以及局部性、区域性的外事管理规则。近代世界外交和外事管理制度是由西方人首创的，外交的规则、惯例和外交官的等级划分皆源于西方的做法。

外事工作是国家对外工作的重要组成部分，对推动对外交往合作、促进改革发展具有重要意义。因此,要加强外事管理,严格执行外事纪律。

▶ 与时俱进为什么需要管理学?

管理学贯穿了人类社会发展的时间轴,无论是早期的管理思想还是工业革命带来的系统性理论方法,在各个历史阶段,管理思想与方法都扮演着重要的角色,对于历史进程起到了推动作用。历史的经验和当今时代的要求都指明与时俱进需要管理学。

在人类历史发展的长河中,每当社会生产力的提高有了一次飞跃,就必然要求管理有所创新。

第二次世界大战后科学技术的发展速度是前所未有的,正因如此,社会生产力迅速提高,而生产力的迅速提高也有力地推动着管理的不断创新。新管理思想的涌现形成了"管理理论丛林现象"。

随着知识经济时代的到来,知识在社会发展和进步中的作用为人们所认识,过去资源和资本在经济增长中的地位正在被知识所替代。什么是知识,怎样发现知识和对知识进行管理,在管理过程中除了集成已有的技术外怎样开发新的技术,如何通过知识管理来提升企业的

竞争力和使企业的价值增值等问题,逐渐成为实业界和学术界关注的重点。许多企业和组织投身于知识工程和知识管理的实践和研究中。许多学者和研究工作者也围绕着知识工程和知识管理进行着实践和研究。对知识管理的研究正成为当前管理研究的一个热点,方兴未艾。

创新是一个民族进步的基石,是一个国家兴旺发达的不竭动力。可以说人类社会的历史就是在不断创新中前进的历史。"十四五"规划指出:坚持创新在我国现代化建设全局中的核心地位,把科技自立自强作为国家发展的战略支撑,面向世界科技前沿、面向经济主战场、面向国家重大需求、面向人民生命健康,深入实施科教兴国战略、人才强国战略、创新驱动发展战略,完善国家创新体系,加快建设科技强国。促进经济增长由主要依靠资金和物质要素投入带动向主要依靠科技进步和人力资本带动转变。中国能否从大国迈向强国,核心问题是能否培育和提升创新创业能力来支撑国民经济和社会发展。管理也必须进行不断创新才能跟上社会前进的步伐。管理创新是时代和社会赋予我们的重任。

面向未来——管理学发展的机遇与挑战

> 长风破浪会有时,直挂云帆济沧海。
>
> ——李白

▶ 互联网发展推进管理理论的创新

互联网技术的发展为管理学发展提供了新的方法,管理大数据趋势日益显著。技术的迅猛发展不仅改变了知识载体和渠道的运用,还促使管理模式的变革,进而衍生出新的管理学分支,如信息管理、技术管理等交叉领域的应用。近年来,管理学整个体系也随着互联网技术的发展发生了深刻的变化,如战略管理由于外部资源和技术的变化,促进了行业融合;运营管理领域形成实时监控的智能供应链过程;营销管理领域通过大数据分析消费者行为,更加精准地提供服务。因此,"大数据""人工智

能"等信息技术成为当前传统产业技术改造和转型提升中的新需求、新应用和新机遇。

在智能互联时代,管理学需要与时俱进,实现"互联网思维"和"传统管理学"的相互交融。管理系统最基本的要素包括管理者、管理对象、管理目标,那么在互联网时代管理学需要面临哪些挑战呢?首先是管理对象的转变,传统管理学中"人"和组织的关系问题是管理存在的基础,主要针对组织中的管理者和被管理者展开管理活动。然而在互联网时代,智能机器人的出现要求对管理对象进行重新思考,如随处可见的"无人超市"和"无人酒店"。在这种情况下,管理对象中的"人"应该如何定位呢?以往管理学理论主要是研究组织经济和社会属性的基本规律,然而在数字智能时代,应该如何把握组织生态化管理的演变呢?其次是管理者角色的转变,从经验管理到科学管理再到系统化管理阶段,我们把管理者定义为参与企业计划、组织、领导和控制的负有责任的成员,管理角色主要包含人际关系、信息处理和决策三方面。然而在信息化时代,信息传递已经从人与人之间的传递变成了信息平台之间的互联互通,传统管理者在信息处理和决策方面的角色将会被互联网、大数据等新技术所取代，因此管理学应该重新考虑在新的信息共享模式下如何改变管理者角色的定位。再次是管理目标的转变，传统管理学更加注重效率与效益，也就是解决在资源有限的情况下怎样才能更好地达成组织目标的问题。管理学发展至今更加注重价值的创造，着重强调管理者之间、管理者与利益相关者之间的平衡关系。此外，在信息时代还需要正视数据资源的利用，如何保护隐私、合理配置数据资源也是未来有待商榷的问题。

  智慧互联的发展实现了人与资源的零接触，用户也能够参与到组织活动中为企业创造价值，这其实打破了泰勒的科学管理理论。该理论把人看作机器，强调对工人严加管理，以规范化和标准化的措施，辅以金钱的刺激来提高劳动生产率。而且大规模制造也变为大规模定制，更加注重消费者个性化的需求。互联网时代也形成了去中心化，没有领导的管理形态，这与马克斯·韦伯的科层制理论也形成观点对立。科层制是依据权力职能将企业进行分工与分层的，下级接受上级指挥。而现在的海尔集团就以员工为中心，最大化发挥员工的价值，并且组织结构也更加倾向于扁平化。因此，未来管理学发展要用量子观重构个人与社会的关系，更加重视人的重要性，并且在此基础上整合大数据方向。虽然智能互联时

代数据获取更加容易和便利,但信息是否有效,应该如何使用并做出决策还需要再研究。

✱ 小案例:便利蜂——智慧供应,决胜千里

便利蜂成立于 2016 年 12 月,团队成员主要利用互联网技术与便利店相结合,打造新时代的"互联网+"便民服务商店。传统便利店在货品类别、排面管理、员工管理、订货管理等方面基本采用经验式判断,缺乏有效的数据支撑,但面对零售业转型升级,不得不通过技术手段优化零售业的运营管理,提升运行效率,以更好地服务消费者,创造更大的价值。便利蜂建立的是全业务链的互联网信息平台,主要体现在三方面:一是基于业态开发了大数据平台,各项业务在系统中协调运行,进行信息化管理;二是开发了便利蜂 App,其中包含店铺查询、自助购物、会员管理、订单管理、无人货架购物等各类用户通用功能;三是基于人工智能的仓管平台,包括销量预测、活动预测、自动订货、库存管理等功能。便利蜂的产生就像它的名字一样,依靠智能供应链能有效减少对人力的依赖,也能解决传统便利店对店长管理水平的考量。

在新冠肺炎疫情期间,在商品配送遭遇巨大的阻碍,物资极为匮乏,同业纷纷选择通过关店、缩短营业时间来

维持运营的情况下，便利蜂挑起了保障民生的重担，做到了全国1 500多家直营店超过九成门店能够坚持24小时运营。便利蜂几乎所有的决策都由基于全业务链的互联网信息化平台下的大数据算法系统制定，这个"中央大脑"形成的各种业务决策，作为相关人员行动的依据，业务链条上的所有人员，只需要按照软件提示的策略执行。这就意味着，在运营中人的负担被大大减小，而经营效率得到了大幅提升。便利蜂技术出身的公司管理层很早就对便利店的日常职能做过细致分解，在十几项日常工作中确定哪些可以被技术取代，或者用技术简化。经过不断开发、迭代，现在便利蜂的店员只需要做好打饭、摆货架、打扫卫生等基础工作，其他一切需要复杂计算、思考的工作全部由计算机完成。

总而言之，未来组织管理必然是一个网络环节，一定是用更加智能的方式进行管理，我们应该思考的是：管理模型将如何变化呢？

资料来源：智慧零售与餐饮，2021-05-08，内容有删减

▶ 中国传统文化聚焦以人为本的管理理念

在社会工业化时期管理学思想实现了由"经济人"和"社会人"到"自我实现人"假设的转变，也展现出管理学

思想逐渐从理性管理向感性管理转变,说明管理更加注重人与人之间的和谐相处。面对世界和我国经济的飞速发展,中国式管理学需要与时俱进。中国文化中的儒家思想很重视人在管理中发挥的关键作用,比如"天人合一""无为而治"的理念正逐步踏入世界的舞台。因此,站在这样的"十字路口",对中国管理学而言,是挑战,亦是机遇。

整合发展阶段的管理模式聚焦于三个整合,分别是科技与哲学整合、东西方文化整合、规范与创新整合。整合发展阶段更加强调无管理、自我管理,只有顺应自然法则,运用智慧去做事,才能获得成功与长久发展。现代信息技术的发展为人们个性的体现与潜能的发挥提供了绝对的技术支持,使"无管理"模式成为可能,并且,从以"物"为中心到以"人"为中心,人的主观能动性和创新精神都得到充分发挥。以海尔公司的"人单合一"为例,从一家传统的家电企业转型为智慧生态网络,创建属于自己的物联生态品牌,海尔集团管理模式的创新是这一战略转型的重要推动力。"人单模式"是以用户为中心定制的,员工在为用户创造价值的过程中实现自身价值,即将用户和员工连接起来,突破原有的科层制,推崇市场和个人的力量,唯有把人放在第一位才能激发他们的激情,由此创新的边界、范围已经被大大拓展。经过三十多年的发展，海尔的创新管理理念已被世界认可。当前，一批管理学界的中流砥柱正在借助中国近年来企业的管理实践努力提出原创性管理理论，如成中英等从西方管理危机视角切入，融合我国传统的儒家文化，提出了"C理论""四治五行"的东方管理思想；席酉民从复杂管理问题入手，提出"和谐理论"的管理思想；李宝元等为中国管理学提出了一条"大历史-大逻辑-大跨越"的解决对策；陈劲基于中国科技创新实践提出具有东方智慧的管理理论；陈春花将国外主流的新制度思想与中国文化和实践结合，提出"共生"的管理思想。由此可以看出我国学者正举着中国对管理理论贡献者的大旗行走在管理学的发展道路上。

展望未来，在新兴技术迅猛发展、以中国为代表的新兴经济体和平崛起的今天，管理学不能停滞不前，管理理论与实践需要迎接新的突破。首先，需要着重从中国哲学和优秀传统文化中汲取智慧，聚焦于效率、创新和以人为本，进而总结适用于我国的创新管理理念。其次，关注国家重大发展战略，积极回应中国扩大开放以及"一带一路"建设所面临的重大和关键实践难题，探索符合我国企业发展的管理战略和管理模式，有效化解企业"走出去"

面临的风险和挑战。最后,直面科技发展带来的挑战,促进现代科技在企业管理中的应用,引领和助力科技创新强国建设,培育世界一流企业。因此,我国管理理论未来的发展方向必须以优秀的传统文化为基础,在弘扬和践行传统思想过程中体现中国智慧,并为世界贡献中国特色企业管理理论与实践。

总之,随着当今社会经济的发展,管理学的发展将呈现出新的发展趋势,管理学领域的学者应切实担负起相应的社会责任,创新管理实践方法,更好地服务于社会、经济的方方面面。

❋ 小案例:海尔——"人单合一"管理模式的浮现

海尔用什么模式来打破传统封闭组织的壁垒?答案当然是"人单合一"。品牌既是企业在世界舞台上竞争的利器,也是衡量一个国家核心竞争力的重要标志。在海尔看来,物联网时代的用户需求更加个性化,所有的数字技术都应该服务用户个性化体验。因此,海尔要做的不是提供独立且不变的个性化服务解决方案,而是要根据不断挖掘的用户需求,持续为用户动态构建可以满足其需求图谱的整个生态圈,同时不断迭代升级,实现生态圈的共同增值。

中国古代大经济学家管子指出："市者,天地之财具也,而万人所和而利也,正是道也。"(《管子·问·第二十四》)。该思想与物联网时代相融合,企业关系也从以商业博弈为主转变为共创共赢。海尔生态系统的所有参与者都可以共享价值,并不断参与到后续的生态共创中,共享价值激励的各主体不断参与共创用户价值,形成生态品牌永续发展的不竭动力。在海尔的布局中,物联网模式包括生态圈、生态收入以及生态品牌三要素。三者依次递进,最终实现建立生态品牌的目标。迄今为止,提出构建物联网时代生态品牌,海尔是第一个,前面已是"无人区",没有前车可借鉴。而做生态品牌,也意味着企业必然需要突破原有的业务边界,紧跟时代节拍进行自我颠覆,建立一套行之有效的、全新的物联网时代观摩模式进行支撑。"人单合一"模式则为海尔成为物联网时代第一生态品牌提供了管理模式的基础。

"虽千万人,吾往矣。"(《孟子·公孙丑上》)。从最初被质疑、被否定到现在被学习、被模仿,无论外界如何评论,海尔始终如一地行走在转型变革的模式创新道路之上。张瑞敏把互联网思维融入企业战略与组织中,在物联网即将引爆之际,率先走出了一条改造中国制造业和治愈世界大型企业弊病的转型之路。

资料来源:新浪博客,2018-08-24,内容有删减

枝叶纵横——管理学的专业图谱

> 树木丛生,百草丰茂。
>
> ——曹操

想必大家通过前文的阅读对管理学的发展历程有了一定的了解。管理学本身在不断发展、演变的过程中,逐渐成为一门既具有人文属性,又具有科学属性的交叉学科。也就是说,"如何管理"需要大量的经验支持,也需要规范的理论分析,因此,接下来会带大家一起走进管理学专业的世界,提前为自己做好人生规划吧!

▶ **管理学包含哪些专业?**

管理学专业听起来可能会让人觉得是一门比较"虚"的学科;或者片面地认为学"管理学",就是为了将来可以成为管理者。其实,"管理学"是一门非常"务实"的学科。在日常学习、工作和生活中,我们都或多或少地需要学习和运用管理学知识。管理学是在自然科学和社会科学两大学科交叉点上建立的一门综合性交叉学科,涉及经济学、心理学、社会学、数学等领域。而管理学包含哪些专业呢?本书根据教育部印发的《普通高等学校本科专业目录(2021年修订版)》,形成如图3所示的脑图,方便大家更加直观地理解。其中管理学大类下设9个专业大类59个本科专业,该门学科适合文理科均衡发展的考生选择,选这门专业至少不会太难学。

在本科学习阶段,不同大学同一专业的培养体系不同,专业侧重点不同,课程设置也有所差异。本书根据教育部阳光高考教育平台数据,对9个专业大类在本科阶段各自常见的主要课程进行整理,见表2。

工商管理类、管理科学与工程类和公共管理类三个专业大类是管理学专业中最常见的一级学科,接下来详细为大家介绍一下推荐的专业和选择的依据。

管理学门类

管理科学与工程类
- 管理科学
- 信息管理与信息系统
- 工程管理
- 房地产开发与管理
- 工程造价
- 保密管理
- 邮政管理
- 大数据管理与应用
- 工程审计
- 计算金融
- 应急管理

工商管理类
- 工商管理
- 市场营销
- 会计学
- 财务管理
- 国际商务
- 人力资源管理
- 审计学
- 资产评估
- 物业管理
- 文化产业管理
- 劳动关系
- 体育经济与管理
- 财务会计教育
- 市场营销教育
- 零售业务管理

农林经济管理类
- 农林经济管理
- 农村区域发展

旅游管理类
- 旅游管理
- 酒店管理
- 会展经济与管理
- 旅游管理与服务教育

电子商务类
- 电子商务
- 电子商务及法律
- 跨境电子商务

工业工程类
- 工业工程
- 标准化工程
- 质量管理工程

物流管理与工程类
- 物流管理
- 物流工程
- 采购管理
- 供应链管理

图书情报与档案管理类
- 图书馆学
- 档案学
- 信息资源管理

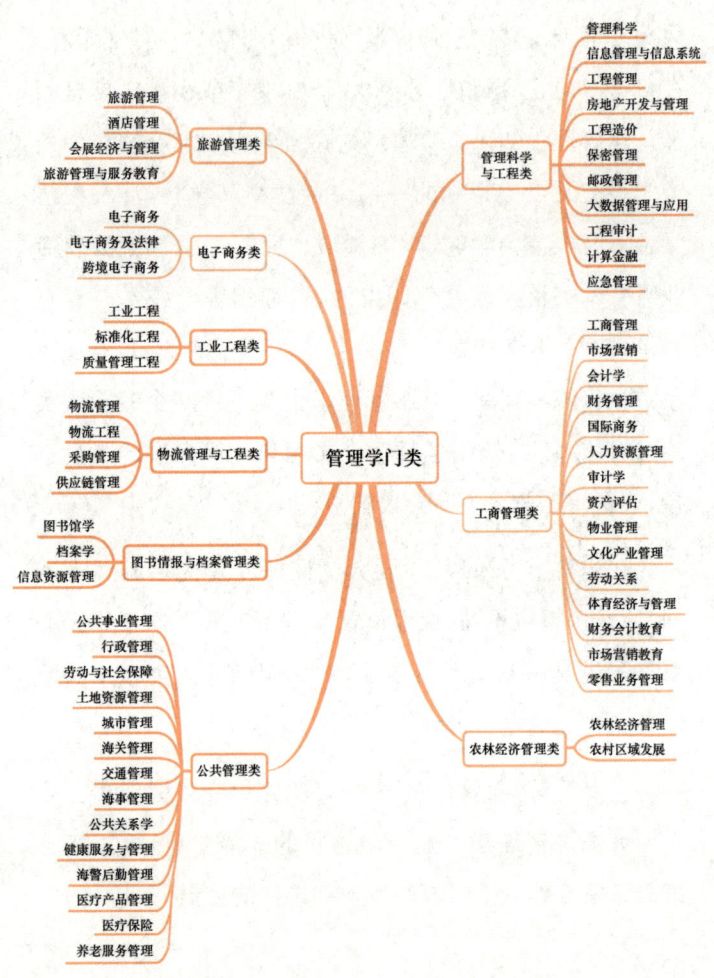

公共管理类
- 公共事业管理
- 行政管理
- 劳动与社会保障
- 土地资源管理
- 城市管理
- 海关管理
- 交通管理
- 海事管理
- 公共关系学
- 健康服务与管理
- 海警后勤管理
- 医疗产品管理
- 医疗保险
- 养老服务管理

图3　2021年普通高等学校专业目录

表 2　　九大类专业主要课程

专业大类	主要课程
管理科学与工程类	管理学、管理统计学、运筹学、经济学、会计学、财务学、项目管理、管理信息系统、管理决策模型和方法、数据库系统原理及应用、预测方法与技术、信息系统分析与设计等
工商管理类	微观经济学、宏观经济学、会计学、管理统计学、税法、经济法、财务管理、市场营销学、企业项目管理、销售心理学、投资学、组织行为学、SPSS统计分析方法、企业战略管理等
公共管理类	管理学原理、人口经济学、社会学、公共行政管理、政治学、公共事业管理学、社会计量分析、公共财务管理、政府公共关系学、土地规划与利用、社会保障学等
图书情报与档案管理类	情报学、文献学、图书馆学基础、图书档案分类法、管理学原理、文献管理程序设计、档案管理学、信息分析预测、信息系统技术与管理、数据库原理、信息检索等
电子商务类	宏观经济学、微观经济学、计算机系统安全、电子商务概论、电子商务规划与管理、Web技术应用与开发、电子商务经济、电子商务法律法规、ERP原理设计与实施、市场营销等
旅游管理类	管理学、旅游学概论、旅游业概论、旅游经济学、旅游规划、旅游策划、餐饮经营管理、酒店人力资源管理、会展管理、导游学、组织行为学、酒店商务英语、会计学、市场营销等

（续表）

专业大类	主要课程
农业经济管理类	西方经济学、林业经济学、林业经济管理、农业企业管理、农村社会经济统计、统计学、会计学、农业政策学、农业项目评估与投资、农业产业化的推广与营销、农村发展项目管理、区域经济学、农产品国际贸易等
工业工程类	运筹学、管理学、质量管理、生产计划与控制、现代工业工程、会计学与财务管理、基础工业工程设计、工程经济学、质量控制与质量管理、物流工程、物流分析与设施规划等
物流管理与工程类	采购与供应链管理、运筹学、数理统计学、物流系统规划与设计、运输管理学、供应链信息管理、生产与运作管理、国际物流学、物流系统分析与设计、现代物流装备、物流信息管理等

▶ **为什么推荐"工商管理"专业？**

★ **工商管理：与工业无关，与商业相关**

大家经常会听到管理学、工商管理类以及工商管理专业，其实三者的关系是包含与被包含的关系。什么是"包含与被包含"呢？工商管理类是管理学中的一级学科，其中包含很多专业：工商管理、市场营销、会计学、财务管理、国际商务、人力资源管理、审计学、资产评估、物业管理、文化产业管理等。近年来，越来越多的院校开始以"工商管理类"招生，学生入学后再根据自己的兴趣分流到具体的专业。

首先来看工商管理专业，刚开始听到这个专业，很可能一头雾水，有的同学会觉得很高大上，学习这个专业会获得收益……在网络上经常有人笑谈工商管理专业是"一群没有做过管理的老师教一群想做管理的学生怎样管理"，这句话说得太过绝对了，但也从侧面反映出工商管理专业的理论性和实践性还是很强的。如果没有实际经验，一切都是纸上谈兵。因此，工商管理专业实际是一门研究工商企业等营利性组织的理论与方法的学科，主要包括企业的经营管理和内部行为管理两个方向。通俗来讲，工商管理就是研究怎么办好企业、怎样管好企业、怎样让企业赚钱的专业。在课程设置上，工商管理专业可能只是停留在管理学原理、组织行为学、市场营销学等理论层面，课程内容相对来说比较繁杂，每学好一门专业课，就能多一条出路。比如，经济学和管理学原理两门课程，可以让我们学习到相关领域的一般知识和原理，为之后去企业或者一些商业机构工作打下基础。但这两门课程基础性和理论性太强，真正要用到实处，还是需要在之后的实践中不断深化理解。

其次是会计学和财务管理专业,会计学的主要研究对象是资金的运用,是一门应用性相对比较强的学科;财务管理是企业管理中一个重要的组成部分,是组织企业财务活动、处理财务关系的一项工作。它俩的关系就像兄弟一样,通俗点讲会计学是处理账务的,而财务管理是分析账务的。在大学期间,这两个专业在课程设置上有相通的地方,如宏观经济学、微观经济学、会计学、统计学,但主干课程会有所不同,会计学专业为中级财务会计、高级财务会计,而财务管理为中级财务管理、高级财务管理。有些人会有这样的疑惑,学好这两个专业到底有什么用呢?举个最简单的例子,炒股高手是精通财务报表的,通过分析财务报表,能够清楚地了解该企业长期的财务状况和经营现状,如公司战略方向、企业利润、现金流量、管理机制。即有些企业企图粉饰当期利润,但长期股价不会呈现稳健的态势,因此财务报表能够帮助股民对企业内在价值做出基本判断。

再次是市场营销专业。很多人对市场营销专业有误解,以为就是生活中常见的"销售",其实销售只是市场营销的一部分。市场营销是指个人或组织通过交易其创造的产品或价值,满足消费需求的一种社会管理过程。该专业涉及市场研究、产品研发、产品生产包装、渠道分配以及服务等一系列经营活动。在市场经济逐步完善的今天，对于作为独立经济实体的企业、公司，如果没有专业的市场营销人才，以科学、现代化的营销手段来"做生意"，肯定是无法在竞争激烈的市场中生存的。

最后是人力资源管理专业。人力资源管理是企业经营过程中不可或缺的部分，其目的是根据企业发展战略和实际发展情况及要求，运用科学的方法，有效地、有计划地对人力资源进行合理配置，主要涉及员工的招聘、培训、使用、考核、激励、调整等。在古代就常有引才、识才、用才、育才、留才、去才的经典案例，如秦昭王五跪得范雎，汉景帝一双筷子放弃周亚夫，墨子用心激励耕柱子，刘备用心留徐庶。由此看来，人力资源管理专业的魅力不言而喻。

❈ 小案例：刘备善留徐庶

分分合合，职场中已司空见惯。因此，引才难，留才难。一个单位很想留住高才，而留住高才的心似乎难于上青天。刘备被曹操赶得到处奔波，好不容易安居新野小县，又得军师徐庶。这日，曹操派人送来徐母的书信，信中要徐庶速速归顺曹操。徐庶知是曹操用计，但他是

孝子，执意要走。刘备顿时大哭，说道："百善孝为先，何况是至亲分离，你放心去吧，等救出你母亲后，有机会我再向先生请教。"徐庶非常感激，想立即上路，刘备劝说徐庶小住一日，明日好为他饯行。第二天，刘备为徐庶摆酒饯行，等到徐庶上马时，刘备又为他牵马，将徐庶送了一程又一程，不忍分别，感动得徐庶热泪盈眶。为报答刘备的知遇之恩，他不仅举荐了诸葛亮，还发誓终生不为曹操施一计谋。徐庶的人虽然离开了，但心却留在刘备这边，故有"身在曹营心在汉"之说。

★ **工商管理：成为商业巨头还是打工人？**

工商管理专业能够培养出通才，能够集管理、营销、金融、人力资源等诸多领域的知识。学好工商管理类课程的学生，还有一个很大的好处就是能掌握管理自己和营销自己的能力。因此，针对工商管理类专业的毕业生未来的求职规划，给大家展开介绍一下。

工商管理类专业毕业生能够选择的就业领域可谓五花八门，比如，咨询行业、金融行业、互联网行业、房地产行业等。工商管理类专业毕业生拥有自己的软能力——包括但不限于商业思维、创新精神、领导能力和沟通能力。常见的就业类型除了我们熟知的营销类，还有财会类和人力资源类。各高校基本都会设置财务管理这门课,它的基础性知识是组织企业财务活动和处理财务关系,有利于学生毕业之后去公司做财务相关工作。而会计专业毕业生在企业中可以做记账、算账和报账等相关工作。但是随着科技的发展,传统会计行业会面临严峻的挑战。财务管理和会计专业的学生如果不提高自己的技能,只会做简单的账面工作,或许有一天会被人工智能所取代,面临失业的风险。

人力资源专业毕业生就业大致有四个方向可供选择。第一,就职于企事业单位的人力资源部门,负责公司招聘、培训、绩效、薪酬和劳动关系等事务性工作。目前许多国内企业都在尝试设立人力资源业务合作伙伴(简称 HRBP)管理模式,比如:阿里巴巴公司的"政委体系",主要把人力资源管理者派驻到业务线,让他们更了解业务,更有效地提供支持和服务。第二,就职于猎头公司,从事高端人才寻访招聘工作,猎头是撮合高级人才和需求公司的中介,他们在搜寻的过程中更看重人才的高学历、高职位和高价位。第三,就职于人力咨询公司,从事测评、管理培训、战略咨询、公司领导力发展等相关战略性咨询工作。比如,国际顶级人力资源咨询公司 Mercer(美世)、Aon Hewitt(怡安翰威特)、Wills Towers Watson(韬睿惠悦)和Hay Group(合益),国际其他类型但也从事人力资源业务的咨询公司IBM、埃森哲、德勤。第四,在高校或研究机构从事教师职业,教授人力资源管理课程,进行相关理论研究和学术研究。如果选择了人力资源专业,建议大家在大二或大三就申请去做企业的人力资源实习生,该类岗位对专业要求不是很严格,可以在进入公司实习过程中提前了解职位工作内容。

从市场需求来看,工商管理类专业人才缺口较大,就业形势较好,并且选择范围广阔。虽然,工商管理专业毕业生不难找工作,但招聘单位会非常强调能力和经验,毕竟没有任何公司会让一个刚毕业的大学生去做商业管理。所以,这个专业的就业前景差距会非常大,普通的相当普通,优秀的则会非常优秀,而且想要去更高层次的机构,比如国有四大银行、知名券商和咨询机构,还会有更多的专业素养或者经验与能力的要求。

▶ **为什么推荐"管理科学与工程"专业?**

★ **管理科学与工程:"工""管"结合,大有可为**

管理科学与工程专业毕业的学生将来非常适合当"老总",为什么这样说呢?因为管理科学与工程作为典型的交叉学科，是综合运用系统科学、管理科学、数学、经济和行为科学及工程方法，结合信息技术研究解决社会、经济、工程等方面管理问题的一门学科。作为管理学大类中的一门，管理科学与工程同时具备着"科学特质"和"人文特质"，但与其他管理学科相比，它要明显倾向于前者。管理科学与工程专业下的二级学科分别是管理科学、信息管理与信息系统、工程管理、房地产开发与管理、工程造价、保密管理、邮政管理、大数据管理与应用、工程审计、计算金融、应急管理，这里我们就其中比较常见的管理科学、信息管理与信息系统、工程管理做一下介绍。

　　研究先进的管理理论、系统方法、计算机模型对管理活动进行分析等都是管理科学的范畴。简单地说，管理科学就是通过科学的方法研究管理问题的内在规律，进而为管理决策做参考。早在20世纪30年代，美国在工业化生产中就提出了科学管理的概念。管理科学学派借助数学模型和计算机技术研究管理问题，重点关注在操作方法和作业方面的应用。管理科学专业和工商管理专业同属于管理学门类，但它们的不同之处在于，管理科学比较"硬"，"硬"在需要运用数学和计算机领域的知识对管理问题进行分析；而工商管理类专业侧重于思维方式

的训练,关注企业经营战略和内部行为管理。因此,想要成为优秀的管理者,需要兼备软、硬两种技能。

信息管理与信息系统偶尔听起来可能不清楚具体是做什么,其实在生活中遍布着各种各样的信息系统,比如,银行储蓄系统、商场进销存管理系统、火车站的票务系统等。就拿医院的患者管理系统分析,当你在医院看病时,医生开药会通过管理平台传到配药部门,患者缴费后药房人员就能直接在自己电脑的系统上看到信息,并通知患者在指定窗口取药。综上所述,大家对信息管理与信息系统大致有了一定的了解吧!信息管理与信息系统专业是集计算机科学与管理科学于一体、实践性和创新性极强的交叉学科,简单来说就是帮助企业设计、开发管理信息系统的专业,它所培养的就是既懂计算机又懂管理的复合型人才。

工程管理专业可以带你领略壮丽逶迤的汉宫殿堂,可以带你欣赏中西方建筑的独特魅力。如果你对建筑感兴趣的话,可以考虑工程管理专业,慢慢了解这个行业。工程管理是新兴工程技术和管理的交叉学科,主要涉及管理学、经济学、信息工程、土木工程等技术的基础知识。工程活动不仅要考虑决策、组织运行的支配,还要考虑资源、土地、环境等资源的合理配置。如何有效利用各项资源，用最小的投入获得较高的收益是该专业学生必备的技能。

在课程设置上，管理科学与工程专业设置呈现"矩阵式"，也就是它们之间的关系不是层层进阶的，而是相互平行的几个方面。比如，管理学、数学、计算机学，主要强调知识的融会贯通，专业课程上相差较大，通用课程会涉及运筹学、运营管理、数据管理等。因此，我们可以通过运筹学处理企业运输过程中人员指派问题，用动态规划法解决负责的人员调度问题；可以通过运营管理学会如何制订合理的生产计划，进而确定订货周期和订单量，减少库存占用成本；也可以通过数据管理学会如何运用客户行为数据深度挖掘他们潜在的价值。因此，管理科学与工程能够帮助我们更直观地理解企业的宏观运营。

❋ 小案例：北宋丁谓修复皇宫一举三得

北宋真宗时期，皇城失火，皇宫被毁。宋真宗派大臣丁谓主持修复工程。当时修复任务相当繁重，既要清理废墟，又要挖土烧砖，还要从外地运来大批建筑材料。

丁谓面临"三大难题":一是取土难。皇宫附近没有土源,无法烧制修复皇宫所需要的砖瓦。二是运输难。大量建筑材料,比如木料、沙石等要运到工地现场,当时水路仅通到汴京城外的汴水,这些材料还要就地卸货后,再经陆路运送到建筑工地,既耗时又费钱。三是清场难。皇宫修复后,产生的建筑垃圾,清运同样既费时日又耗金钱。

要又快又好地完成这一修复任务,就需要制订一个最优的施工方案。丁谓经过分析研究之后,确定了这样一个方案:首先,把皇宫前面的大街挖成一条大沟,利用挖出来的土烧砖;然后把京城附近的汴水引入大沟,利用汴水运进建筑材料;等皇宫修复之后,再把碎砖烂瓦填入沟中,最后修复原来的大街。

按这一方案修造,取得了"一举三得"的效果:一是通过挖沟,无须从远处运土,就解决了烧砖的问题;二是把陆运改成水运,方便了运输,省工省时,节省了运输费用;三是为工程后期解决废墟的处理问题创造了条件。丁谓不愧是一代名臣。这也是我国历史上运用运筹学思想的绝妙案例!

★ **管理科学与工程："曲线"救国，非你莫属**

当今这个时代，一方面，信息经济和网络经济蓬勃发展；另一方面，传统行业面临着向"互联网＋"的转型升级，急需企业信息化管理、大数据分析与应用、互联网运营与管理等方向的专业技术人才。当然也有人质疑管理科学与工程专业毕业生去往互联网企业当"码农"，与计算机专业的同学相比并无任何优势，而且虽然是管理类专业，但其管理能力恐也不及工商管理专业的人才，看来大家对此专业的误解很深。由于管理科学与工程专业不仅涉及数学和计算机学，还涵盖管理学的逻辑思维，能够更好地帮助学生在决策、机会选择、计划运营方面更有理性和统筹性，这也是为什么我们会提到"曲线"救国的概念。此专业知识结构和应用领域，使得学生兼具计算机和管理双重优势，前提是学生得经历曲折的学习过程，付出努力深耕专业知识。

管理科学与工程专业的特性使得其毕业生就业空间广阔，同学们一定要提早明确自己的核心发展优势。其实管理科学与工程专业在职业发展方向上比较趋同，根据知识的侧重点可以分为管理类和技术类，偏向管理类

的学生在未来职业生涯中可以选择政府机构、事业单位、行业管理机构从事分析和管理决策之类的工作，也可以前往金融机构，比如，银行、证券公司、保险公司，从事数据分析之类的工作。当然想要深造的同学也可留在高校或研究机构从事管理科学的研究与教学工作。偏向技术类的同学可以在企事业单位、金融机构从事系统开发、设计、维护等工作，当然也可以成为网络或系统管理员、系统分析师等更高层次人才。可以到知名互联网公司从事产品研发等工作。当然针对工程管理专业的同学，在企业选择上可以倾向于"中建""中铁"等，在该领域从事建筑工程施工、控制管理等相关业务性质的工作，还能够在房地产、建筑行业从事工程咨询、地产开发和经营等工作。

　　管理科学与工程专业的学习思路和其他专业是相同的，需要同学们"管理"与"工程"两手都要抓，两手都要硬，所以对综合素质要求较高。但是优势也是很明显的，这类高级复合型人才竞争力非常强。因此，在人才济济、竞争激烈的社会，不管怎样，发展在个人，一方面要多阅读思考，把专业基础打扎实了；另一方面要积极进行课程实践，提高自己的系统应用能力。

▶ **为什么推荐"公共管理"专业？**

★ **公共管理：造福社会公众的好专业**

大学萌新眼中的公共管理类专业是怎样的呢？有人说学习过程备感疑惑，不知道到底学了些什么；有人说课程学习比较空泛，学到的内容比较杂；还有人对未来就业产生了迷茫。其实公共管理是以政府为核心的公共部门整合社会的各种力量，广泛运用政治的、经济的、管理的、法律的方法，强化政府的治理能力，提升政府绩效和公共服务品质，从而实现公共的福祉与公共利益。由此观之，公共管理与工商管理的研究领域正好相反，研究目的与工商管理的营利性也有巨大差异。公共管理从学科意义上来讲，包括了行政管理、公共事业管理、劳动与社会保障、土地资源管理等专业。接下来带着大家的疑惑，让我们一起了解公共管理专业的细分学科，对专业知识的框架探个究竟吧！

行政管理专业，核心在于政府通过各类管理活动实现行政管理的目标，它的重点在于行政组织主体，即政府。当然发展至今行政管理专业也同样适用于企业管

理。比如,因疫情,进出公司要扫码打卡、测量体温,做一系列登记,在一般企业和政府机关,这些工作都是行政人员的工作范畴;公共事业管理专业,培养既掌握现代管理、经济、社会工作的理论及相关技术与方法,又具有宏观社会管理和公共服务思维,具备在科教文卫等相关政府职能部门、事业单位以及企业进行管理实务工作技能的复合型专门人才;劳动与社会保障专业,培养在政府劳动保障部门、企事业人事部门、商业保险公司等单位具有扎实的管理学、经济学与社会学的专业基础,且掌握扎实的劳动和社会保障基本理论的人才,力求满足国家在社会保障事业中的人才需求;土地资源管理专业,主要是培养具有现代科学素养和职业能力,具备现代管理学、经济学及资源学的基本理论,掌握土地管理方面的基础知识,拥有测量、制图、计算机等基本技能,能从事土地资源管理相关专业工作的应用型、交叉型高级专门人才。比如,中国需要多少的耕地才能养活 14 亿多人口?"鬼城"的出现与哪些责任主体相关?这些都属于土地资源管理的范畴。

❋ 小案例：信息时代的人文关怀

如今，得益于数字化、信息化的发展，智能生活加速推进，为人们带来了更多便利。然而，一些老年人对此却感到力不从心。在火车站，电子客票的推广极大节省了旅客出行的时间，却也给不会网上购票的老年人增加了困难。在医院，预约挂号有助于就医问诊秩序井然，但一筹莫展的老年人不得不站在挂号机前寻求他人的帮助。在餐厅，扫码点餐、移动支付方便又卫生，而还在使用老年机的人就会无所适从。因此，对于老年人群体的特殊需求，除了在技术开发中更加注重老年人需求和习惯外，在公共政策制定和公共服务提供方面，也要给老年人提供多元选择和替代方案。比如，在上海，有医院调大门诊标识、诊室字体，改善在线预约系统布局，致力优化老年人就医环境，打造"老年人友好界面"；在浙江杭州，市民卡和健康码深度融合，老年人刷一下卡就能看病就医、公交出行。通过一个个身边事例反映出给老年人在风驰电掣的"快时代"留个"慢选项"，才能填补代际间的数字沟壑，让老年人享受到数字时代的馈赠。

从课程设置对比分析来看，四个专业都需要学习管

理学原理、政治学原理、法学概论等基础管理课程,培养管理思维。其中行政管理、公共管理的专业相似性最大,但是也存在各自独特的课程,行政管理主干课程有行政管理学、行政组织学等,而公共事业管理特色课程为非政府组织管理、公共事业管理概论等。劳动与社会保障专业会学习像劳动与社会保障法、社会保障基金管理等特色课程。而土地资源管理专业多设置像土地经济学、土地资源学等土地相关的课程,会学习系统的软件技术类操作和建筑识图等知识。因此,通过对公共管理专业基本方向的了解,相信大家已经有了明确的认知,良好的公共管理可以减少或消除管理漏洞,为百姓提供满意的服务。反之,水平低下的公共管理则会损害政府公信力,影响百姓正常的社会生活。随着国家行政体制的不断完善,行政机构需要了解社会群众的切实想法和需求,站在公众的立场思考问题,实现最有效的公共管理。

★ **公共管理:难道只能做政府事务的分析师吗?**

基于公共管理专业的学科属性,未来求职道路一片光明。其实,公共管理专业传统的就业岗位是偏向体制内的公务员,但是目前庞大的国家公务员考试大军让许多学生望而却步,另辟蹊径。因此,各类企业和教育行业的管理岗也是明智之选。下面针对行政管理、公共事业管理、劳动与社会保障和土地资源管理的职业发展做详细介绍。

　　行政管理专业的就业面非常广,无论是政府机关还是企业和事业单位都需要对口的行政管理人才。每年的国家公务员考试或事业单位的公开社会招聘考试中都会涉及行政管理专业的需求。比如,办公室科员、办公室文秘、办公室综合管理、人事处综合和管理等岗位。众多岗位选择在无形之中为行政管理专业的学生创造了较多的就业机会,基础性工作包括材料整理、档案收集、组织参与各类活动,为其他部门提供及时有效的行政服务。在实际工作中可能会比较繁杂,但一定不要小看基础性的工作,往往国家干部都是从普通科员一步步成长起来的。除此之外,行政管理专业培养的学生在事务处理能力上具有较强的逻辑性和条理性,加之他们擅长撰写各类报告,因此也会在企业的市场部或营销部从事业务推广、公关策划等工作。公共问题大量涌现以及人才需求快速增长,对于公共事业管理专业的同学来说发展潜力巨大。他们可以去往公共部门从事公共管理与服务工作;可以从事人力资源管理相关工作,该专业在该领域也有一定的竞争优势,因为除了学过相关课程,该专业还会提供更

宽阔的视野和更系统的思维方式,很适合人力资源管理这种非技术性且对系统思维方式有一定要求的行业;也可以去往教育类机构从事教育行政机关、幼儿园、中小学校、职业院校等领域教学以及教学管理方面的工作。劳动与社会保障专业人才是我国全面建立和发展社会保障事业的急需人才,具有长久稳定的就业潜力,可以去往国家各级劳动与社会保障部门、人事管理部门、政策研究部门、企业与事业单位的人力资源管理部门、保险公司等从事劳动与社会保障方面的政策制定与组织管理工作;可以进入相关科研机构和高等院校从事研究和教学工作,或者进入法院、劳动仲裁机关等部门从事劳动与社会保障方面的实务工作;也可以到企业人力资源部从事劳动合同管理、劳动关系协调、社会保险管理等工作。土地资源管理专业具备基本的测绘、制图和规划能力,因此除了可以前往国家资源部门从事土地咨询、自然资源调查、国土规划等工作外,还可以前往投资公司、金融、证券、银行、专业咨询公司等相关领域,从事土地咨询、测绘等工作。同时经过专业实践训练,去往房地产企业从事房地产开发和评估也是不错的选择。

  各行各业都有人才所需,公共管理专业也是如此。

在学习的道路上我们应该沉下心来，踏踏实实地做一些为国为民的研究，积极投身于社会服务工作之中。更要始终相信，人能弘道，非道弘人。总的来说，公共管理专业的学生就业方向还是非常宽泛的，这主要是因为公共管理专业其实专业性并不很强，并不像理工科那样有明显的针对性。另外，除了毕业以后直接就业，公共管理专业因为理论性较强，所以也特别适合继续深造。

▶ 如何结合兴趣选择适合的专业？

从兴趣转化为职业的过程，需要考虑两点因素：一是自身能力，二是社会所需。能力也可以理解为人的性格特征。很多同学可能在面临专业选择时不清楚自己到底喜欢什么，未来想从事什么样的工作。究其原因，除了对专业信息了解模糊之外，对自身兴趣取向也不够明确。首先，由于人生活环境、接受的教育形式有所不同，从而形成了不同性格。也许在学习中你是善于刨根问底的人，也许在生活中你是乐于沟通的人，也许你是沉着冷静的人。其次，在专业选择上需要对社会所需做到心中有数，时常关注社会发展形势和人才需求。专业选择在很大程度上决定了你未来的职业发展，因此如何结合性格

特征选择适合的专业就显得至关重要了。美国耶鲁大学心理学教授约翰·霍兰德将人的人格分为六种类型：现实型、研究型、艺术型、社会型、企业型与传统型。本书只选择与管理学专业匹配的个性进行分析。同学们可以看看自己的性格特质是否能选择管理类专业吧！

能言善辩的社会型：在性格特征上容易和他人友善相处，偏爱与人打交道，能够通过自己的社会关系拓宽自己的人际交往圈，这种性格的人不论在外交还是公共关系方面都能展现出社交达人的姿态。因此，在专业选择上倾向于从事为他人服务的工作。从对应专业能力来看，比如，人力资源管理专业需要较强的书面与口头表达能力，善于与他人沟通；行政管理专业需要有较强的公关社交能力，擅长授权和人际关系管理。对于社会型特质的人，建议选择的专业是市场营销、行政管理、公共事业管理、劳动与社会保障、人力资源管理、旅游管理等。

目光敏锐的企业型：在性格特征上具有领导气质且善于组织计划，勇于表现自我，对商业信息比较敏感，喜欢追求经济效益。这种性格的人首先表现出慎重冷静的态度，能够快速接受和适应新的事物，更加追求物质上的满足。其次他们对数字敏感性比较强，很适合经手与金融、财政相关的东西，因此在专业选择上适合从事组织与影响他人共同完成同一目标的工作。比如，财务管理专业偏向于模型分析，需要对数字敏感；审计学、会计学专业都需要涉及账本和数据，面对数字要格外注意沉得住气。对于企业型特质的人，建议选择的专业是房地产开发与管理、审计学、会计学等。

中规中矩的传统型：在性格特征上喜欢按照计划行事，习惯性接受他人的带领，倾向于井然有序的工作环境，这种性格的人喜欢把事情做到完美，但过于注重细节也会影响大局观，因此在专业选择上适合文件管理、图书资料之类的工作，也适合成为文秘或行政人员。对于传统型特质的人，建议选择偏向于公共管理类专业主要是公共事业管理、行政管理、土地资源管理、公共关系学等。

一技之长的现实型：在性格特征上动手操作能力强，他们有实干家的精神，喜欢乐此不疲地研究新鲜事物。这种性格的人在日常生活中一定要学到切实有用的技术，更加倾向于工科类专业。因此在专业选择上适合从事工程技术类工作，比如，管理科学与工程类专业需要有一定编程基础，通过所建模型和所用的算法，利用计算机求解企业中的决策问题。对于现实型特质的人，建议选

择的专业是信息管理与信息系统、工程管理、管理科学等。

性格特质对选择专业可以是一种参考依据,但也不能完全依赖性格测试的结果,人的性格也许不仅仅是上述描述中的一种,很可能是几种类型的结合。因此不管是未来在专业选择上,还是求职道路上,都需要我们对自己的性格、兴趣、爱好有一个明确的认知。

✳ 国际上最为流行的职业人格评估工具——MBTI

MBTI(Myers-Briggs Type Indicator,迈尔斯布里格斯类型指标)是美国心理学家伊莎贝尔·布里格斯·迈尔斯和她的母亲凯瑟琳·库克·布里格斯制定的。在该理论下,人的性格是可以被分类的,主要以4个维度评判,每个维度都对应2种类型。这4个维度8个倾向排列组合,就会得出16种性格类型。比如"驱动力来源"这一项,假设你压力很大,如果你选择和朋友们一起聚会喝酒来缓解自己的压力,说明你性格偏外向;如果你选择自己一个人静一静,说明你性格更加内向,具体维度见表3。

MBTI性格测试就是根据一系列问题来判断你的性

格类型倾向,从而对后续的生活给出一些指导建议。不过,MBTI性格测试的结果并不是固定不变的。随着生活经历、思维的转变,性格类型是有可能转变的。

表3　　　　　　　　性格证券维度

MBIT性格测试		实感型		直觉型	
		兼思考型	兼情感型	兼思考型	兼情感型
内向型	兼判断型	ISTJ 信托者型	ISFJ 保存者型	INTJ 科学家型	INFJ 作家型
	兼理解型	ISTP 工技者型	ISFP 艺术家型	INTP 建筑师型	INFP 追求者型
外向型	兼判断型	ESTJ 行政者型	ESFJ 推销员型	ENTJ 元帅型	ENFJ 教育家型
	兼理解型	ISTP 促进者型	ISFP 艺人型	INTP 发明家型	INFP 记者型

星火争辉——管理类专业的高校分布

> 欲穷千里目,更上一层楼。
>
> ——王之涣

高考分数出来后,很多同学为如何选择自己称心如意的大学而苦恼,除了结合兴趣和爱好选择专业外,同学们还应该考虑哪些呢?其实综合考量的因素有很多,是选择大学的综合实力、科研实力、地理位置还是其他因素呢?下面的内容会从国内外视角,为大家详细解答。在学校选择上只有做到知己知彼,才能找到适合自己的院校哦!

▶ **世界大学排名评价标准简介**

首先,我们来了解一下当下被广泛认可的高校排行榜。

目前,世界主流学术机构排名有中国软科世界大学学术排名(ShanghaiRanking's Academic Ranking of World Universities,ARWU)、英国泰晤士高等教育世界大学排名(Times Higher Education World University Rankings,THE)、英国 QS 世界大学排名、美国 U. S. News 世界大学排名,这是公认的四大权威世界大学排名。那么,它们都有什么区别呢?区别在于它们的评价标准不尽相同,接下来我们简单了解一下。

• 中国软科世界大学学术排名,于 2003 年由上海交通大学高等教育研究院(前身为高等教育研究所)世界一流大学研究中心首次发布,是世界范围内首个综合性的全球大学排名。其评价指标与权重见表 4。

表 4　中国软科世界大学学术排名评价指标与权重

指标	权重
校友获奖(获诺贝尔奖和菲尔兹奖的校友折合数)	10%
教师获奖(获诺贝尔奖和菲尔兹奖的教师折合数)	20%
N&S 论文(在《自然》和《科学》上发表论文的折合数)	20%
国际论文(被 SCIE 和 SSCI 收录的论文数量)	20%
高被引科学家(各学科领域被引用次数最高的学者数量)	20%
师均表现(上述五项指标得分的师均值)	10%

通过其指标体系不难看出,该排名处处着眼于科研成果,也正因此中国软科世界大学学术排名被指责过度偏重理工领域。同时,由于这份排名主要采纳了美国的知名期刊与论文发表平台为数据基准,也导致了美国大学在排行榜中表现明显优于其他国家。

- 英国泰晤士高等教育世界大学排名,从 2004 年开始每年发布世界大学排名,被认为是最具影响力的世界大学排名之一,颇受全球高教界关注。其评价指标与权重见表 5。

表 5　英国泰晤士高等教育世界大学排名评价指标与权重

指标	权重
教学(学习环境)	30%
研究(论文发表数量、收入和声誉)	30%
论文引用(研究影响)	30%
国际化程度(工作人员、学生和研究)	7.5%
产业收入(知识转移)	2.5%

综合来看,其评价体系相对更加全面。以教学、研究、知识转化、国际视野等共计 13 项指标衡量大学综合实力,但也正因其存在商业因素和偏向于英国高校而受到争议。

• 英国QS世界大学排名,是由英国一家国际教育市场咨询公司(Quacquarelli Symonds,QS)(中文名夸夸雷利·西蒙兹公司)所发表的年度世界大学排名。2010年得到了大学排名国际专家组(IREG)建立的"IREG－学术排名与卓越国际协会"承认,是参与机构最多、世界影响范围最广的排名之一。其评价指标与权重见表6。

表6　　英国QS世界大学排名评价指标与权重

指标	权重
学术声誉调查(知名学者反馈结果)	40%
雇主声誉调查(全球企业人力资源部门反馈结果)	10%
师生比	20%
师均引用次数	20%
国际学生比例	5%
国际教师比例	5%

因其问卷调查形式的公开透明而获评为世界上最受瞩目的大学排行榜之一,但也因其具有过多主观指标和商业化指标而受到批评,很多高校的分项数据缺失,总分出现大幅偏差。

• 美国U.S. News世界大学排名由美国《美国新闻

与世界报道》(U.S. News & World Report)于 2014 年 10 月 28 日首次发布。其评价指标与权重见表 7。

表 7　美国 U.S. News 世界大学排名评价指标与权重

排名指标	权重
全球学术声誉	12.5%
地区学术声誉	12.5%
论文发表	10%
图书	2.5%
会议	2.5%
标准化论文引用影响指数	10%
论文引用数	7.5%
"被引用最多10%出版物"中被引用数	12.5%
出版物占"被引用最多10%出版物"的比率	10%
国际协作	5%
具有国际合作的出版物总数的百分比	5%
代表领域在"所有出版物中被引用最多前1%论文"中被引用论文数	5%
出版物占"所有出版物中被引用最多前1%论文"的比率	5%

通过该指标体系可以看出,U.S. News 世界大学排名对于学术声誉和科研成果更为看中,并且对于成果引用有着更为细分的评价指标。

▶ 中国大学的管理类专业评估情况

让我们共同看一看中国大学管理类专业学科的评估情况吧!

教育部学位与研究生教育发展中心进行的全国第四轮学科评估结果,于2017年12月28日公布。本次评估于2016年在95个一级学科范围内开展(不含军事学门类等16个学科),共计513个单位的7 449门学科参与评估。评估结果按照"精准计算、分档呈现"的原则,根据"学科整体水平得分"的位次,将前70%的学科分为9档进行公布。前2%为A+,2%~5%为A(不含2%,下同),5%~10%为A−。

以下将主要展示管理学门类下三个一级学科的前三档评估结果。

★ 工商管理学科评估结果

本一级学科中,全国具有"博士授权"的高校共有65所,本次参评63所;部分具有"硕士授权"的高校也参加了评估;参评高校共计240所(评估结果相同的高校排序不分先后,按学校代码排列,见表8)。

表 8　　　　　　　工商管理学科评估结果

评估结果	学校代码及名称
A+	10002 中国人民大学
A+	10003 清华大学
A+	10248 上海交通大学
A+	10558 中山大学
A	10001 北京大学
A	10036 对外经济贸易大学
A	10055 南开大学
A	10246 复旦大学
A	10272 上海财经大学
A	10284 南京大学
A	10384 厦门大学
A	10698 西安交通大学
A−	10004 北京交通大学
A−	10034 中央财经大学
A−	10141 大连理工大学
A−	10173 东北财经大学
A−	10183 吉林大学
A−	10335 浙江大学

(续表)

评估结果	学校代码及名称
A-	10422 山东大学
	10486 武汉大学
	10487 华中科技大学
	10532 湖南大学
	10610 四川大学
	10651 西南财经大学

中国人民大学、清华大学、上海交通大学及中山大学评估结果为A+。而A类学校中,相比于其他7所高校,对外经济贸易大学名气似乎没有那么大,其实它是教育部直属的一所多科性重点大学,也是首批进入国家"双一流"建设的高校,在工商管理和财经类学科中都比较拔尖。

从地理位置分布情况来看,北京院校入选数量是6所,A级学科的高校大多集中在经济发达的东部地区。

★ 管理科学与工程学科评估结果

本一级学科中,全国具有"博士授权"的高校共有90所,本次参评85所;部分具有"硕士授权"的高校也参加了评估;参评高校共计187所(评估结果相同的高校排

序不分先后,按学校代码排列,见表9)。

表9　　　　管理科学与工程学科评估结果

评估结果	学校代码及名称
A+	10003 清华大学
	10247 同济大学
	90002 国防科技大学
A	10006 北京航空航天大学
	10056 天津大学
	10213 哈尔滨工业大学
	10248 上海交通大学
	10335 浙江大学
	10359 合肥工业大学
A-	10007 北京理工大学
	10141 大连理工大学
	10286 东南大学
	10287 南京航空航天大学
A-	10358 中国科学技术大学
	10533 中南大学
	10561 华南理工大学
	10610 四川大学
	10698 西安交通大学

从排名中我们看出，A＋类的三所学校分别是清华大学、同济大学、国防科技大学。这三所高校可谓当今中国高校管理科学与工程的"三大天王"。清华大学不仅工科强，近年来在文科、商科领域也占有优势。国防科技大学号称"军中小清华"，因密切接触国防和航空航天，国防科技大学的管理科学与工程专业学术水准极高。

从地理位置分布情况来看，北方主要集中在北京，南方主要集中在浙江省，A级学科各省份占比相对均衡一些，不过依然存在东部地区的优势学科较多的情况。

★ **公共管理学科评估结果**

本一级学科中，全国具有"博士授权"的高校共有43所，本次参评37所；部分具有"硕士授权"的高校也参加了评估；参评高校共计143所（评估结果相同的高校排序不分先后，按学校代码排列，见表10）。

从排名中我们看出，A＋类的两所学校分别是中国人民大学和清华大学。中国人民大学和清华大学都是文科实力不俗的院校，汇聚各省市的顶尖文科学生。院校的公共管理专业是世界一流学科和重点学科，实力强悍。南京农业大学在公共管理学科中的排名也非常靠前，它作为农林类大学优势非常突出。

表 10　　　　　　　　公共管理学科评估结果

评估结果	学校代码及名称
A+	10002 中国人民大学
A+	10003 清华大学
A	10001 北京大学
A	10307 南京农业大学
A	10335 浙江大学
A	10486 武汉大学
A	10558 中山大学
A−	10006 北京航空航天大学
A−	10027 北京师范大学
A−	10246 复旦大学
A−	10248 上海交通大学
A−	10487 华中科技大学
A−	10610 四川大学
A−	10698 西安交通大学

从地理位置的分布情况来看，高校大多分布在北京、江浙沪地区。这些地区有丰富的教育资源和各行各业的公司，都需要优秀的管理人才给公司带来丰厚的利益。

以上仅展示了工商管理、管理科学与工程和公共管理三个学科的高校评估结果。根据全国学科评估结果可以发现，每个大学都有各自专长的学科方向，即使是在管理学领域内，同一所高校的不同一级学科的评估结果也会有所差异。因此，大家在做学校选择时，一定要先想清楚自己更感兴趣的是哪一个学科，根据心仪的学科来查询学校的评估结果哦！

▶ **中国大学管理学专业特色有哪些？**

经过前面的梳理，我们已经对中国高校的管理类专业的整体水平有了一定程度的了解。相信大家也很好奇，这些不同学校之间究竟有什么差别呢？在管理学领域，这些大学又有着哪些不尽相同的特点呢？接下来，让我们深入地了解一下这些各具特色的高校吧。

• 北京大学光华管理学院，是中国高校建立最早的商学系科。北京大学作为中国第一所国立综合性大学，汲取传统历史文化精髓，坚持思想自由、兼容并包，是中国走向现代化进程的重要推动者。北京大学在经济管理方面的学科建设可以追溯至1902年京师大学堂设立的商学科，这是中国高等院校中建立最早的商学系科。北京大学光华管理学院始终秉承着"创造管理知识，培养商界领袖，推动社会进步"的使命，致力于培养商界领袖，不断推动社会进步。作为北京大学工商管理教育的主体，

北京大学光华管理学院是亚太地区最优秀的商学院之一，是众多学子梦寐以求的高等学府。其 MBA 项目也受到商业的广泛认可，许多商界成功人士、名企高管都纷纷加入该学院的 MBA、EMBA 项目不断深造。

• 国防科技大学信息系统与管理学院，主攻指挥信息系统和管理领域相关学科专业的培养。国防科技大学的前身是 1953 年创建于哈尔滨的中国人民解放军军事工程学院，即著名的"哈军工"。学校形成了"以工为主、理工军管文结合、加强基础、落实到工"的综合性学科专业体系，为党育才、为国树人、为军铸将，聚焦培养驾驭国防科技的工程师、科学家、战略家和驾驭未来战争的设计师、指挥家、军事家。在优良传统的熏陶和培育下，学校人才辈出，灿若星辰，为国家和军队培养并输送了约 20 万名各类人才。如果你也有一颗献身国防事业、报效祖国的赤子之心，如果你的心里也有着一个等待实现的军旅梦，那么，国防科技大学是你的不二选择。

• 中国人民大学商学院、公共管理学院，是中国杰出领袖、全球优秀管理人才的摇篮。中国人民大学目前已成为我国人文社会科学高等教育和研究的重要基地，被誉为"中国人文社会科学高等教育领域的一面旗帜"。其中，中国人民大学商学院、公共管理学院更是积极发挥其

"思想库""智囊团"的作用,研究重大政治、经济、文化和社会问题,为国家经济建设和社会发展提供强大的理论保证和有力的智力支持。党的十六大以来,已有教授11人次为中央政治局集体学习做报告,是参加学者最多的高校。近年来,商学院大力推进国际化战略,并于2010年、2013年先后通过欧洲质量发展体系认证和国际商学院协会认证,成为中国(不含港澳台地区)首批获得两大全球管理教育顶级认证的商学院之一。2012年,学院参与耶鲁大学管理学院"全球高端管理联盟"的发起和成立,国际影响力大幅提升。

- 中山大学管理学院,是国内最早成立的专门从事工商管理教育和研究的学院之一。自1985年成立以来,依托中山大学深厚的文化传统和学术底蕴,并得到香港何氏教育基金会、霍英东基金会、培华教育基金会等海内外基金的大力支持,现已成为一所国内顶尖、国际知名的商学院。中山大学以服务国家重大战略、服务经济社会发展为导向,逐渐建设了以"中国情境、中西融汇、服务社会"为特色的国内一流管理学学科,涉及工商管理及管理科学与工程两大一级学科。其中,工商管理学科在2020年首届泰晤士高等教育中国学科评估中获评A+学科,这标志着管理学院的学科建设达到了前所未有的高度。

- 上海财经大学商学院，致力于打造具有鲜明财经特色的世界一流商学院。上海财经大学商学院经过几十年的发展，已经成为涵盖"工商管理""应用经济学""理论经济学"三个一级学科的国内领先商学院，先后通过中国高质量 MBA 教育认证（CAMEA）、国际商学院协会认证、欧洲质量发展体系认证、国际 MBA 协会认证。上海财经大学商学院坚持立德树人，严谨治学，承载着"培植商业人才、创新商学研究、赋能商业实践、传播商业文明"的使命，立足上海，根植中国，为国家培养了一批又一批商业精英，目前拥有海内外校友数万人。百年来，虽然院系几经调整，几沐风雨，但秉承着的学术研究理念和崇高理想从未改变，基于商科，长于财经，为国家经济社会发展源源不断地输出智力成果。

- 浙江大学管理学院，是创新创业人才培养的启航之地。1980 年，浙江大学率先成立科学管理系。20 世纪 80 年代，依托国内第一个创新人才培养的博士点，学院先后建立了国家首个"985"创新基地，成立了国内领先的全球浙商研究平台——浙江大学全球浙商研究院、浙江大学全球创业中心等，将科学研究与人才培养相结合，探索出了以创新为基础的创业人才培养 IBE（Innovation Based Enterpreneurship，IBE，创新型企业家）浙大方案。

除此之外,学院创建了中国首个全球创业管理项目(GEP),首个制造与供应链领域双学位硕士项目(GMSCM),首个面向"一带一路"的管理类项目——创新、创业与全球领导力国际硕士项目(PIEGL)等,并与斯坦福、剑桥、麻省理工学院等建立了一批联合研究中心,积极进行中国管理教学国际化的探索。

- 大连理工大学经济管理学院,是中国管理案例共享中心的发源地。1984年,中国工业科技管理大连培训中心(大连理工大学经济管理学院的前身)与美国纽约州立大学布法罗分校合作,率先在中国引进MBA学位教育,开创了中国MBA教育的先河。1985年,大连理工大学经教育部批准组建管理学院,成为国内最早成立的管理学院之一。发展至今,大连理工大学经济管理学院拥有国内最大的管理案例共享平台,始终致力于中国管理案例的研究与案例教学,扎根于中国经济社会发展的这片沃土,用国际视野聚焦中国案例,将理论与实践更好地结合起来,将西方管理与中国国情更好地融合起来。

除此之外,其他高校管理学专业的教育也是各具特色,在此不再一一列举。整体来看,中国管理学领域的教学相比过去已经有了飞速的发展,从国家到企业再到个人都越来越重视管理方面的教育。几乎每一个高校管理

学专业的教学都能够在师资力量卓越、科研实力雄厚、鼓励国际交流的基础之上,发展各自所长,独具一番特色。

因此,同学们在选择时,可以登录相关大学的官网,查看专业所在学院的简介,了解其发展方向和研究特色,结合自己的发展规划,选择最适合、最心仪的院校。

成长焦虑——管理类专业之于个人发展

前程渐觉风光好,琪花片片粘瑶草。

——王毂

在前文中,我们知道了管理学高校都有哪些。那么接下来,就让我们一起来深入地走进管理类专业,一起了解学习管理类专业会培养起什么样的能力?学会之后择业的方向如何?在未来的发展前景又是怎样?让我们每一个人都能深刻地意识到——学会管理,摆脱焦虑。

▶ **管理类专业培养哪些能力?**

无论从事什么行业,我们都需要发展自身的大量技能来应对工作中的各式需求。而管理类专业,主要培养人的领导能力、决策能力、组织能力、商业思维能力、创造

性地解决问题的能力和有效交流沟通的能力等,进而保证在职场中"如鱼得水"。

★ 领导能力

史蒂芬·柯维博士曾说:"管理在系统之内起作用,领导力对整个系统起作用。"这也是为什么要把领导能力作为第一个管理类专业学生应具备的能力来讲。优秀的管理者在执行领导职能时,绝不是一味地发号施令。如果指望用该职位被赋予的硬性权力支配下属,那就大错特错了。作为一个管理者,如果能用自己过硬的专业知识、丰富的工作经验和高尚的道德品质等一系列自身因素使下属信服并追随,那么他对下属下发的一系列任务会被更加高效地完成,对下属的影响力也将更加持久。

领导的特质理论认为,一个领导者只要具备了某些优秀的个人特性或素质,就能有效地发挥其领导作用。2018年,特许管理学会(Chartered Management Institute)发布的一份报告称,70%的雇主认为,所有学生都应该学习管理、创业和领导力等专业模块。这使我们认识到,领导者的素质不是天生的,而是在实践中逐步形成和积累起来的,可通过专业的教育和学习进行培养。

★ 决策能力

我们先来看第二次世界大战中著名的诺曼底登陆中的一个故事。第二次世界大战的盟军总司令艾森豪威尔，新官上任，就决定横跨英吉利海峡，在欧洲大陆开辟第二战场。然而，1944年6月4日，英吉利海峡天气恶劣，盟军或是按照原计划于6日登陆，或是等待几日天气好转后再登陆。尽管知道6日并不是最佳的登陆时间，按时登陆可能会损伤武器装备，但是艾森豪威尔在掌握情报员获得的信息的情况下，仍决定6月6日于法国北部的诺曼底登陆。事实证明，正是艾森豪威尔的这个决定，使纳粹德国陷入两面作战、腹背受敌的困境，加快了法西斯政权的瓦解。

在管理学当中，艾森豪威尔做出的决定属于"满意决策"，即虽然并不十全十美，但在现实状况下，它达到了预期的最终目标。我们在管理类专业中要学习的，就是这样一种决策能力：面对同一时间的多种选择，能精准做出足以达到组织目标的正确决定。

★ 组织能力

作为一名合格的管理者，就要以组织利益和组织目

标为重,运用一定的技巧,把不同的人组织在一个集体之中来共同向着一个方向和目标努力。

在北美洲的草原上,北美野牛是北美洲最为凶悍的动物,体重达一吨,头顶锋利的双角,即使面对最富攻击性的捕食动物,也毫不退缩。但是如果遇上群狼,那将是它们的噩梦。群狼会在牛群四周游荡,它们单列行进,一匹挨一匹,使用包括唇、眼、面部表情以及尾巴位置在内的复杂精细的身体语言或利用气味来传递自己掌握的信息,盯住猎物。在狼王的领导下,狼群协作狩猎,选择老弱病残的猎物。

以狼王为首的狼群具有组织严密、目标专注、团队协作、注重训练等特点。经理人关注狼道,反映出企业已经对英雄式的领导提出了质疑。

★ **商业思维能力**

具备良好商业思维能力的前提是对市场以及工作的行业或部门有全面的了解。无论是医疗业、传媒业、娱乐业,还是金融业和银行业,必要的商业思维能力都是取得成功不可或缺的条件。商业思维能力一般包括以下三点:市场洞察力(发现商机或者问题的能力)、反应能力(制定相应策略的能力)和执行力(策略制定后强大的后期执行能力)。我们熟知的戴尔电脑的创始人迈克尔·戴尔恰好就是符合这三点而且具有强大商业思维能力的管理者。用戴尔亚太采购前负责人方国健的话来说就是:"迈克尔·戴尔的特质之一是极有远见,他通常在认定一个大方向之后就亲自披挂上阵,带领全公司彻底执行。"

在戴尔电脑推动国际互联网的深度运用与普及化的过程中,迈克尔·戴尔很早就意识到,互联网将彻底改变人的生活形态与工作习惯。同时,互联网还将成为直销的一种利器,有必要大力宣传、推动对互联网的重视。为了做好这项工作,迈克尔·戴尔安排在公司内部到处张贴一种大海报。海报上是迈克尔·戴尔本人,他一脸酷相,半侧身子,一只手指向画外,还有一行大字:"Michael wants you to know the net!"除此之外,他还在众多演讲中热情洋溢地重申他对互联网的看法。几番努力之下,戴尔电脑有70%的营业额可以通过网络下单成交,公司多数的管理制度和工具也能够在网络上实行。

★ 创造性地解决问题的能力

工作中,解决重复性的问题往往需要体力,但解决创造性的问题,常常考验管理者是否能对工作中出现的新问题迅速做出反应,运用创造性思维给出创造性的解决

方案。这里以大连晓芹食品有限公司为例,通过它对问题的处理方式,了解创造性解决问题的重要性。

大连晓芹食品有限公司(简称晓芹公司)是大连的一家水产品公司,其主打产品是海参。然而2012年5月,海参价格下跌,对公司影响巨大。企业的董事长王晓芹女士采用极具创造力的方法,通过改变产品本身的属性,增加产品附加值的方式提高产品的内在价值,进而提升公司的营利能力。通过推出即食海参和改进保存方法为消费者提供更好的口味和口感。积极与北京太爱肽集团合作,研制生产海参胶原蛋白肽粉,保证产品具备差异化转型。通过观察、分析、思考等一系列过程,王晓芹女士抓住了常人没看到的机遇。她不满足于现有的生产和经营技术,潜心研究创新。在她的带领下,员工新奇的想法和创意不断涌现,公司上下形成了开拓创新的风气。在这条道路上,王晓芹女士从未停下自己前进的脚步,始终和同事们研究新的管理方法,用集体的智慧再续新的商业传奇。

★ 有效交流沟通的能力

作为一名合格的管理者,和下属高效沟通被认为是一项至关重要的技能。沟通,是一方向另一方传达信息的过程；而高效的沟通，更要保证信息在传递过程中的完整性和准确性。因此，只有有效的沟通才能保证组织上下的交流真诚且透明。离开有效的沟通，我们连基本的管理工作都难以完成。下面，就让我们看看良好的沟通对于团队之间积极协作的重要意义。

回顾上一案例，要想解决问题，靠的绝不仅仅是王晓芹女士自己的智慧，还有良好的沟通能力。为了更好地解决经销商的烦恼，晓芹公司举办了"晓芹华东汇2012经销商学习交流大会暨晓芹海参经销商特训营"活动。王晓芹女士在活动中将各个经销商遇到的问题和困惑抛出，发动参与者献计献策，让销售业绩好的经销商为大家分享经验。这次交流会让王晓芹看到了各地经销商对这种交流学习的肯定。更让她欣喜的是，交流会不久后，华东一代的销售业绩有了明显的起色。此外，王晓芹女士还从交流会上收集到了许多对公司发展有益的意见，为公司下一步的发展方向提供了有价值的参考。

作为一个团队的管理者，倾听下属的意见，积极与下属沟通，与他们产生共鸣的能力是至关重要的。相比之下，我们也应该学会对反馈和其他观点持开放态度，要倾听他人的意见并且尊重他人。

▶ 管理类毕业生的就业去向

管理类专业的学习可以培养学生出色的管理能力，管理类毕业生可以胜任各类组织中与管理相关的工作。任何单位都涉及组织与管理，为了提高效率并在复杂的竞争中脱颖而出，都离不开专业的管理人才。也正是因为如此，管理类毕业生在就业方向上选择的机会多、范围大。

由图4可知，管理类的同学毕业后前景广阔，主要是考取公务员和到企事业单位工作。

工商管理类和管理科学与工程的同学进企业居多，其中会计专业的同学，除了到公司做财务性的工作之外，往往会到会计师事务所，名气较大的是国际四大和本土八大。其中，国际四大是普华永道、安永、德勤和毕马威。根据2019年的表现，本土八大为天健、立信、信永中和、致同、天职、大华、大信和容诚。毕业生也可以到快消行业、咨询行业、互联网行业就职。这些行业专业限制少，入门的门槛相对较低，薪水相对可观，对人才培养的投入比较稳定、成熟，对应届生的职场能力锻炼比较充分。总体而言，快消行业、咨询行业、互联网行业具有非常广阔的发展道路，有显著的跨行业流动优势。

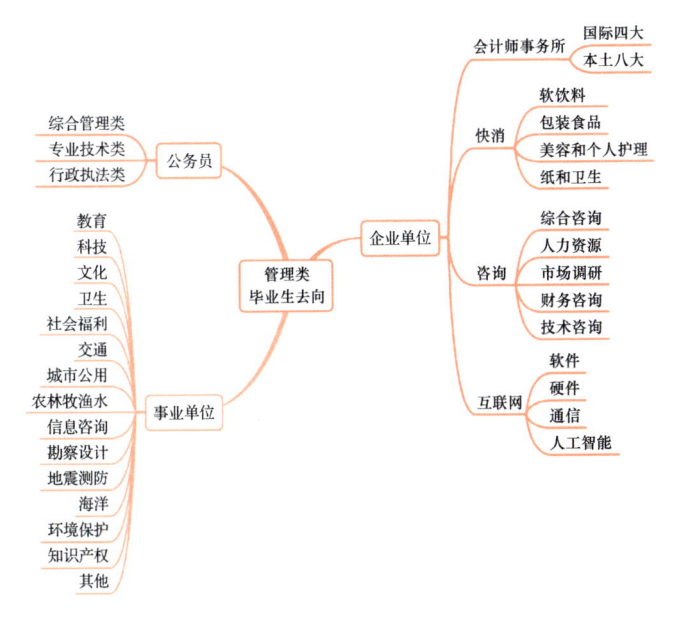

图4 管理类毕业生去向图

▶ 管理人才的发展前景

★ 工商管理类

工商管理类是研究营利性组织经营活动规律以及公司管理的理论、方法与技术的学科。作为一门基础宽、范围广的学科,它涵盖了经济学、管理学的很多课程,因此学生报考后大可以根据自己的爱好选择专业方向。在学

习管理学、经济学和公司管理等方面的基本理论和知识，具备相应的能力后，学生们往往能够胜任企、事业单位及政府部门的管理工作以及教学、科研方面的工作。

➡ 会计学

会计学专业毕业生通常到会计师事务所、金融机构、各类企事业单位、政府机关以及有关部门从事会计、财务、审计等工作。会计在公司里是一个核心岗位。会计专业刚毕业的学生不会立刻成为经理，而是常常从做账开始。如果希望有更大的升职空间，学生们可以考虑考取一些相关证书，如注册会计师（CPA）、国际注册会计师（ACCA）、美国注册会计师（AICPA）等。

会计师事务所的晋升主要分成四步：第一是审计助理，协助项目现场负责人进行与工作底稿相关的工作。第二是项目经理或审计经理，开始负责独立完成业务。第三是高级审计经理，负责完成审计项目并承接新的业务。最后就是升级到合伙人。

➡ 市场营销

市场营销往往会被误认为是简单的推销商品。即使所有人都可以卖商品，但没有理论基础，就很难领悟销售的真谛。毕业生刚就业时也许薪酬并不丰厚，但是只要沉下心去踏踏实实地工作，了解用户心理，获取一手资料，积累足够的经验后，你的价值就会水涨船高。该专业学生相对来说就业压力较小，因为无论什么企业，提供的产品或服务都是需要进行销售的。

读完市场营销专业，选择对口的行业，绝大多数同学毕业之后首先就是要去做销售。销售不只是单纯地销售产品，更是创造、沟通与传送价值给顾客并且经营顾客关系。销售人员的薪水特点是低底薪、高提成，这意味着个人发展主要取决于个人能力。你可以凭借出色的个人能力，从销售人员升职为销售经理助理、销售经理、区域经理、销售总监等。

➡ **人力资源**

人力资源部门的工作不仅仅是简单地收集档案、考核出勤等内容，它是一个运用专业知识、管理知识，为公司在人员管理方面打理一切的职业。在公司中的职位通常细分为招聘专员、薪酬与绩效考核专员、员工关系处理专员、培训专员等。交流沟通是人力资源类工作最大的特点，也是工作内容中最重要的一部分。分工不同，交流沟通的对象也不同，如公司高层、各部门负责人、公司普

通员工、求职应聘者等。同时他们也承担绘制表格，制订招聘计划、考核制度、培训方案等任务。

人力资源从业人员的平均薪资待遇整体而言相对较高，若服务于外企或者是合资公司则会更高。就目前来看，该专业的相关职业入职门槛并不高，人力资源管理、心理学等相关专业的学生则更容易就业。但在未来，人力资源管理将会朝着更专业化的方向发展，因此几年后该职位的门槛将会提高，这就更需要我们去学习相关专业知识。人力资源本身是一个管理性质的岗位，因此公司内部晋升是主要的发展方向。但这不意味着没有良好的转型机会，你可以运用在这个领域累积的经验，转型走专家路线，例如公司管理咨询师、职业咨询师等。

未来人力资源的定位，一定是基于专业、融于组织、业务交融的。将来全能型人力资源师将会越来越少，作用和地位也将逐渐降低，能彻底融入组织环境给业务出谋划策，做到业务交融的人力资源师才是符合时代发展的。

➡ **物流管理**

物流管理是指在社会生产过程中，根据物质资料实体流动规律，应用管理的基本原理和科学方法，对物流活动进行计划、组织、指挥、协调、控制和监督，使各项物流活动实现最佳的协调与配合，以降低物流成本，提高物流效率和经济效益。现代物流管理是建立在系统论、信息论和控制论上的专业学科。物流管理的内容包括三个方面：对物流活动诸要素（运输、储存等环节）的管理；对物流系统诸要素（人、财、物、设备、方法和信息等）的管理；对物流活动中具体职能（物流计划、质量、技术、经济等）的管理。

物流是新兴服务业，被称为公司的第三利润。它以降低公司成本为目的，分为公司物流和物流公司。公司物流是公司内部为生产销售等服务的物流；物流公司是帮公司进行运输。我国现代物流成本占国内生产总值（GDP）约30%，而美国约占8%。相比来看，我国的物流管理相关产业前景十分光明。

谈及物流管理，相信很多同学想到的都是"三通一达"、顺丰、德邦这些"小件物流"。这些都属于快递物流，其兴起与发展离不开电子商务平台的迅速发展。但是物流很大程度上是商品运输和工业生产原材料及半成品的"大宗物流"。根据中国物流与采购联合会发布的《中国物流企业50强榜单》可知，目前我国的五大物流梯队逐步形成，但市场仍相对分散，这也说明市场竞争激烈，前景广阔。

★ 管理科学与工程类

管理科学与工程是一门交叉学科。它以管理科学为基础，多学科为支撑，利用现代化手段和技术，从定性到定量，从宏观到微观，侧重于研究同现代生产经营、科技、经济和社会等发展相适应的相关理论、方法与工具。该学科通过应用现代科学方法与科技成就来阐明和揭示管理活动的规律，提高管理的效率。

管理科学与工程具有广阔的发展前景。一方面，随着世界经济的不断变化，许多新的管理问题出现，交叉型人才需求量增大；另一方面，该学科的三大支柱是管理、技术、工程，目前国内外金融、贸易、技术、市场环境发生了巨大的变化，特别是信息技术和知识资本的发展，加大了对该方面的需求。

➡ 信息管理与信息系统

随着我国经济的发展，信息技术与管理的关系日渐紧密，也日趋融合。该学科的重点研究领域是管理信息系统规划、开发与管理、信息产业管理、系统仿真与知识管理等。随着我国国民经济和社会信息化进程的加快，除了在原有领域，近年来的研究方向还拓展到加强电子商务和公司管理信息化。信息安全也十分重要。信息管理与信息系统的学生,要通过研究,致力于我国的信息安全工作。

➡ 电子商务

当下全球电子商务飞速发展,我国电子商务的发展在国家政策的支持下同样突飞猛进。从趋势上来看,未来电子商务的发展速度非常可观。因此,电子商务的就业前景是很被看好的。

如今国内的电商行业规范度还不是特别高,鱼龙混杂情况仍很严重。就目前国内整体情况来说,要想突出重围迈向更高台阶,就需要更多专业人才引领行业发展。然而现在电子商务的高端人才非常匮乏,因此电子商务专业的学生毕业后就业压力很小,发展空间很大。该专业的毕业生就业选择空间大,可以经营和电子商务有关的淘宝微商店铺,也可以选择从事网络运营的相关工作。

谈到电子商务,就不得不提到众多互联网公司:阿里、京东、当当。互联网电商企业是电子商务同学较好的去处。

➡ 工程管理

工程管理专业主要培养学生的实践能力、创新能力、

组织管理能力。它要求学生具备管理学、经济学和土木工程技术的基本知识，掌握现代管理科学的理论、方法和手段，能在国内外工程建设领域从事项目决策和全过程管理。学生在校学习期间，要接受工程师和经济师的基本素质训练，打好工程技术、管理、经济、法律、外语及计算机应用方面的坚实基础。学校会积极提供相应条件，使学生根据自身能力，能够攻读相关学科专业的双学位和双专业。

工程管理专业与国家注册监理工程师、国家注册造价工程师的知识结构相接轨，专业方向涵盖工程项目管理、房地产管理经营、工程投资与造价管理、国际工程承包等，未来成为一名工程师也是富有前途的。

★ **公共管理类**

公共管理类专业培养学生精通策划、组织、协调、执行等管理技能。毕业生具备较高的现代管理理论素养、创新能力、实践技能和工作适应能力，能够胜任各级党政机关、企事业单位、社会中介机构与科研院所的行政管理、公共事务管理和人力资源管理、文秘、政策分析、经营管理等工作。公共管理学科只是公共管理类专业的一部分。

➡ **公共事业管理**

公共事业管理专业是培养公务员与管理干部及研究公共政策和公共事务管理的专业。随着我国改革开放的不断深入和经济建设的持续发展，政府和其他公共管理部门的职能及管理手段正在发生深刻变化。该专业主要为国家培养现代公共管理人才，加强公共政策与管理的深入研究，以促进国家的改革与发展。

公共事业管理专业的毕业生要掌握一定的自然科学基础和工程科学技术，具有较强的理论联系实际能力，能在文教、体育、卫生、环保、社会保险等公共事业管理机构中从事管理工作。同时要具有扎实的经济学和管理学基础，熟练运用各种经济分析工具，熟悉环境经济与管理活动规律和我国环境政策及有关法规，具备独立进行环境经济调查研究、分析解决实际问题、参与环境经济管理宏观决策的能力。21世纪以来，我国市场经济体制逐步建立，经济与政治体制改革正加紧进行，各行业都要求具备专门知识，受过良好专业训练并适应社会进步和时代发展的专业人才来进行管理。国内外竞争更加激烈，这就要求我们的专门管理人才要具备国际社会同类人才的知识水平，以便在各种竞争中立于不败之地。总的来说，公

共事业管理专业具有较强的生命力,而社会的需求必然给它以强大的动力,促进它进一步走向成熟和完善,并为我国现代化建设事业提供杰出的高级管理人才。

根据学科最初设立的特性,公共事业管理专业学生可以参加国家公务员考试进入政府系统。作为一个新专业,其社会需求较强烈,而且需求量较大,这是由我国继经济体制改革、政府体制改革后事业组织管理体制的改革形势决定的。因此,无论从社会发展对人才的总需求,还是从毕业生就业和进一步深造来看,其专业发展前景都十分被看好。

➡ **行政管理**

行政管理专业主要传授行政学、管理学、政治学、法学等方面知识,目标为培养能在党政机关、企事业单位、社会团体从事管理工作以及科研工作的专门人才。要求本专业学生学习相关方面的基本理论和基本知识,受到行政学理论研究、公共政策分析、社会调查与统计、外语、公文写作和办公自动化等方面的基本训练,具备行政管理的基本能力及科研的初步能力。

行政管理在国外已有半个多世纪的发展历史。早在1924年美国锡拉丘兹大学马克斯维尔公民与公共事务学院就成立了公共服务培训学校,制订了第一个面向公共行政和管理领域的高级培养计划。此后,哈佛大学肯尼迪政府学院、普林斯顿大学伍德·威尔逊国际事务学院也制订了公共管理硕士培养计划。公共管理高级人才培养计划适应了国外社会发展的需要,培养了大批公务员、政策分析人才、高级咨询人才和中介机构从业人员。在推进政府机构和行政行为改革的过程中,行政管理学科在社会发展中扮演的角色将更加重要。我国在改革开放后恢复了行政管理学科。

行政管理专业,一听这个名字,就像是为了公务员量身定做的,翻翻各大高校的选调生推荐名单,行政管理专业赫然出现在前列。但是实际上行政管理主要是研究行政机关运作的学科,不是专门学来考公务员的!

➡ **土地资源管理**

土地资源管理,是综合经济学、法学、管理学、区域学等诸多学科,用来解决土地规划与利用的一门综合学科。该专业学生主要学习土地管理方面的基本理论和基本知识,受到土地规划、测量、计算机、地籍管理的基本训练,具有土地利用与管理的基本能力。毕业生可以从事土地资源调查与评价、土地整理、土地利用规划、地籍测量、地

籍管理、土地及房地产价格评估、土地信息系统开发与应用及房地产开发经营等方面的技术和行政管理工作。

学习期间,学生可以在各大相关单位,如国土、城建、农业、房地产以及相关领域的企事业单位里实习。同时,经过大学的专业训练,如果学生的房地产开发与评估技能也不错,会被房地产开发商另眼看待。

城市里每一寸土地的开发、利用都是经济利益、社会利益等诸多利益关系协调和规范的结果。随着城市人口密度不断增大,城市必须尽可能发挥土地应有的各种功能。但作为城市功能的载体,土地资源却非常有限,如何合理规划和利用城市土地影响巨大。因此,这个专业在各个国家都备受重视。

开启管理世界的大门——你准备好了吗？

路漫漫其修远兮，吾将上下而求索。

——屈原

了解管理类专业对个人未来成长的影响之后，我们可以将目光拉近。对于尚未迈入大学校园的同学们来说，大学期间的学习生活或许更是大家关注的重点。本章从关键课程、学习方法、学习资源、个人规划等方面为同学们提供一些有价值的信息与建议，助力同学们在不久的将来顺利开启管理世界的大门。

▶ 管理类专业有哪些关键课程？

本节之初，我们先来看一则历史故事：刘邦称帝后在洛阳南宫宴请群臣，席间问诸位大臣："我能取得天下，原

因是什么？项氏失去天下，原因又是什么？"高起、王陵回答说："陛下派人去攻城略地，能把他们所降服的地区封给他们，说明陛下能与天下人共享其利，拥有美德。而项羽妒贤嫉能，谁有功劳，就设法加害谁，谁有贤才，就猜疑谁。部下作战胜利，得不到封赏，自己得了土地，也不给别人一点利益。所以必然失去天下。"刘邦说："你们是只知其一，不知其二。要说运筹帷幄之中，决胜千里之外，我不如张良；要说镇守国家，安抚百姓，供给军饷，保证粮草的供应，我不如萧何；要论统领百万大军，战必胜，攻必克，我不如韩信。这三个人都是人中豪杰，我能任用他们，这才是我取得天下的根本原因。项羽有谋士范增却不重用他，所以被我击败。"群臣信服。

在楚汉相争中，刘邦之所以能够最后胜出，与他的知人善任和虚心纳谏是分不开的。这里面就蕴含着"管理学原理"课程中领导职能部分的知识。读完故事同学们是不是产生了兴趣呢？接下来就为同学们详细介绍一下管理类专业各关键课程的主要内容。

★ 管理学

管理学对于管理类专业而言是核心课程与基础课程，是一门系统研究管理活动的普遍规律、管理基本原理和一般方法的科学,具有综合性、实践性、不精确性、科学性、艺术性等特点。管理学课程主要介绍管理的概念与性质,管理理论的演进,计划、组织、领导、控制等多项基本管理职能,管理伦理与社会责任等内容。例如:当下属既有工作能力又有高效高质完成工作的意愿时,领导者可以采取民主型的领导方式。在教学过程中,越来越多的商学院采用案例教学的方式帮助学生学习管理学基本原理和基本知识。

★ **微观经济学**

微观经济学是现代经济学的一个分支,是主要以单个经济单位(单个生产者、单个消费者、单个市场经济活动)作为研究对象分析的一门学科。

微观经济学是研究社会中单个经济单位的经济行为,以及相应的经济变量的单项数值如何决定的经济学说;分析个体经济单位的经济行为,在此基础上,研究现代西方经济社会的市场机制运行及其在经济资源配置中的作用,并提出微观经济政策以纠正市场失灵;关心社会中的个人和各组织之间的交换过程,它研究的基本问题是资源配置的决定,其基本理论是通过供求来决定相对价格的理论。所以微观经济学的主要范围包括消费者选择,

厂商供给和收入分配。例如：某地每年猪肉市场消费需求是100万吨，假如当地猪肉年生产50万吨，需求大于生产，即供不应求；假如当地猪肉年生产150万吨，供大于求。

★ 宏观经济学

宏观经济学包括宏观经济理论、宏观经济政策和宏观经济计量模型。其中宏观经济理论包括国民收入决定理论、消费函数理论、投资理论、货币理论、失业与通货膨胀理论、经济周期理论、经济增长理论、开放经济理论。宏观经济政策包括经济政策目标、经济政策工具、经济政策机制（即通过经济政策工具如何达到既定的目标）、经济政策效应与运用。宏观经济计量模型包括根据各派理论所建立的不同模型。这些模型可用于理论验证、经济预测、政策制定，以及政策效应检验。

以上三个部分共同构成了现代宏观经济学。现代宏观经济学是为国家干预经济的政策服务的。第二次世界大战后凯恩斯主义宏观经济政策在西方各国得到广泛的运用，相当大程度上促进了经济的发展，但是，国家对经济的干预也引起了各种问题。其具体内容主要包括经济增长、经济周期波动、失业、通货膨胀、国家财政、国际贸易等方面。涉及国民收入及全社会消费、储蓄、投资及国民收入的比率、货币流通量和流通速度、物价水平、利息率、人口数量及增长率、就业人数和失业率、国家预算和赤字、出入口贸易和国际收入差额等。例如：当通货膨胀严重时，中央政府通过减少货币流通量抑制通胀；通货紧缩时，中央政府通过增加货币流通量刺激经济复苏。

★ 统计学

统计学是应用数学的一个分支，主要利用概率论建立数学模型，通过观察数据，进行量化的分析、总结，进而进行推断和预测，为相关决策提供依据和参考。它被广泛地应用在各门学科之上，从物理学和社会科学到人文科学，甚至被用在工商业及政府的信息决策之上。例如：有的人喜欢买彩票，但根据官方给出的数据中奖是一个小概率事件，因此我们不能寄希望于中奖来改变自己的生活。

统计学主要又分为描述统计学和推断统计学。给定一组数据，统计学可以描述这份数据，这个用法被称作描述统计学。另外，观察者以数据的形态建立出一个用以解释其随机性和不确定性的数学模型，以之来推论研究中的步骤及母体，这种用法被称作推断统计学。这两种用法都可以被称作应用统计学。另外，也有一个叫作数理统计学的学科专门用来讨论各个科目背后的理论基础。

★ 运筹学

运筹学是现代管理学的一门重要的专业基础课。它是20世纪30年代初发展起来的一门新兴学科,其主要目的是在决策时为管理人员提供科学依据,是实现有效管理、正确决策和现代化管理的重要方法之一。该学科应用于数学和形式科学的跨领域研究,利用统计学、数学模型和算法等,去寻找复杂问题中的最佳或近似最佳的解答。

运筹学经常用于解决现实生活中的复杂问题,特别是改善或优化现有系统的效率。研究运筹学的基础知识包括实分析、矩阵论、随机过程、离散数学和算法基础等。而在应用方面,多与仓储、物流、算法等领域相关。例如:当订单较多时,外卖员合理规划路线可以提高配送效率。

★ 财务管理

财务管理是指在一定的整体目标下,关于资产的购置(投资)、资本的融通(筹资)和经营中现金的流量(营运资金),以及利润分配的管理。例如:不同的投资方案会带来不同的收益,如何进行方案的取舍?

西方财务学主要由三大领域构成,即公司财务(Corporation Finance)、投资学(Investments)和宏观财务（Macro Finance）。其中，公司财务在我国常被称为"公司理财学"或"企业财务管理"。

★ **管理信息系统**

管理信息系统是一个由人、计算机等组成的，能进行信息收集、传递、储存、加工、维护和使用的系统。管理信息系统能实测企业的各种运行情况，利用过去的数据预测未来，从企业全局出发辅助企业进行决策，利用信息控制企业的行为，帮助企业实现其规划目标。

管理信息系统是一门新兴的科学，其主要任务是最大限度地利用现代计算机及网络通信技术加强企业信息管理，通过对企业拥有的人力、物力、财力等资源的调查了解，建立正确的数据库，加工处理并编制成各种信息资料及时提供给管理人员，以便进行正确的决策，不断提高企业的管理水平和经济效益。目前，计算机网络已成为企业进行技术改造及提高企业管理水平的重要手段。例如：ERP 企业资源计划，通过计算机实现库存、成本、生产等精准控制，支持企业战略决策。其子系统包括全面成本管理系统、敏捷后勤管理系统等。

★ 国际贸易学

国际贸易学是研究国际商品与劳务交换过程中的生产关系及有关上层建筑发展规律的科学。作为一门学科，它的任务是要研究国际贸易产生与发展的原因和贸易利益在各国间进行分配的制约因素，并要揭示其中的特点与运动规律。例如：有一份出售500吨精品大米的合同，卖家发货离港时符合合同规定的品质条件，但航行途中大米受海上潮湿空气侵蚀品质受到影响，到达目的港后只能按二级大米的价格出售，因而买方要求卖方进行赔偿。

国际贸易学是一种部门经济学，是经济学科中一个不可缺少的组成部分。它的研究对象既包括国际贸易的基本理论，也包括国际贸易政策以及国际贸易发展的具体历史过程和现实情况。

★ 组织行为学

组织行为学是研究组织中人的行为与心理规律的一门科学。它是行为科学的一个分支。社会的发展，尤其是经济的发展促使了企业组织的发展，组织行为学越来越受到人们的重视。组织行为学又有其自身的许多分支，如企业组织行为学、学校组织行为学、医院组织行为学、军队组织行为学等。目前企业组织行为学研究较多，应用较广，因此，人们常把组织行为学与企业组织行为学等同看待。

关于组织行为学的定义很多，美国学者斯蒂芬·P. 罗宾斯(Stephen P. Robbins)认为，组织行为学是一个研究领域，探讨个体、群体以及结构对组织内部行为的影响，以便应用这些知识来改善组织的有效性。例如：某生产型公司的管理一直沿用传统办法，重技术、重效率、重监控，导致工人的劳动态度问题十分尖锐，该公司不得不考虑改革管理方法。

★ **战略管理**

什么是企业战略？从企业未来发展的角度来看，战略表现为一种计划(Plan)，而从企业过去发展历程的角度来看，战略则表现为一种模式(Pattern)。如果从产业层次来看，战略表现为一种定位(Position)，而从企业层次来看，战略则表现为一种观念(Perspective)。此外，战略也表现为企业在竞争中采用的一种计谋(Ploy)。战略并不是"空的东西"，也不是"虚无"，而是直接左右企业能否持续发展和持续盈利最重要的决策参照系。战略管理则是依据企业的战略规划，对企业的战略实施加以监督、

分析与控制，特别是对企业的资源配置与事业方向加以约束，最终促使企业顺利实现目标的过程管理。

企业战略管理学又称商业政策学，是研究战略管理活动规律性的一门新兴学科。企业战略管理学作为战略管理实践经验的总结，其研究对象是企业战略管理活动，其目的在于揭示这一活动过程的规律性，为企业搞好经营管理，提高企业的长期经济效益提供指导。战略管理是指经理人员确立企业的长期方向，设置具体绩效目标，根据有关的内外环境制订实现目标的战略，并执行选定的行动计划的过程。其中，战略是企业实现其目标的行动计划，它具体地指明了企业的经营方向以及为实现其目标，在创新、竞争和职能部门等领域所采取的行动措施。例如，企业如果想在市场竞争中取得一定的优势，可以采取哪些战略？

▶ **在大学如何学好管理类课程？**

上文中我们简单介绍了管理类专业的关键课程，这或许会引导勤奋好学的同学们进行新的思考：在大学期间如何才能学好这些课程呢？由于不同高校的课程设置不同，不同教材的理论观点有所差异，不同教师的教学风格相异，不同的学生学习方法也差别较大，因此很难就该问题给出一项标准性的答案。但为了方便同学们对管理类课程进行更加细致的了解，本部分以基础课程——管理学——为例，提出部分思维性、方法性的建议，供同学们参考。

★ **充分认识学习管理知识的重要性**

我们在日常生活中经常有这样的体会：想要做好一件事，首先要对将要完成的任务进行充分的了解，端正态度再行动。对于管理学课程的学习亦是如此，充分认识学习管理知识的重要性，才能激发同学们的学习兴趣和热情，帮助同学们端正学习态度。

管理的重要性首先体现在管理的普遍性之中，社会、组织、家庭、个人都离不开管理。许多人在一个组织内共同工作，要靠一个共同的目标把大家维系在一起，按一定的结构组织起来，在共同遵守的规章制度下协调工作，这就需要管理。企业、学校、医院等各种不同的组织和许许多多的家庭又构成了更大范围的社会，也要靠管理来保证社会的各个部分能有序运行。即使是个人的工作生活，也需要很好的管理，有张有弛，在工作之余做些什么，学些什么，都要适当地安排。

管理也是生产力。生产力取决于许多因素，就社会

而言,取决于社会的政治经济体制、拥有的自然资源及资源的合理和有效使用、国民素质和受教育水平等。就企业而言,取决于企业的经营体制和运行机制、拥有的各类资源和资源的有效利用、职工队伍的素质和员工积极性的发挥等,而如何将这些因素协调起来充分发挥作用,就离不开管理。通过管理可以大大提高资源的使用效率,或是通过激励政策调动组织成员的积极性,更有效地实现组织目标。从这层含义上讲,管理是一种实实在在的生产力。

管理工作的好坏是决定一个组织实力和竞争力高低的重要因素,也是影响一个国家能否兴旺发达的重要因素之一。在激烈的市场竞争中,一个企业竞争的能力往往决定了这个企业的命运。而竞争力取决于多方面因素,其中最重要的一条就是企业的管理能力。企业能否适应变化着的环境,能否生产出合乎市场需求的产品,能否以较低的成本生产出合乎质量要求的产品,能否以有效的促销方式打开市场,能否建立起完善的售后服务体系,都要看管理是否科学。管理水平的提高将会促使企业的实力和竞争力的增强。对于国家来说,管理的意义同样重要,管理工作到位,各种组织都能良好运转,社会各项职能都能有序运作,国家自然就会兴旺发达。

★ 注重知识框架的构建

管理工作中著名的"二八法则"告诉我们：在特定的群体中，重要的因子通常只占少数，而重要性相对较弱的因子通常占据大多数。将该法则应用于我们的学习中，就要有侧重，不能囫囵吞枣，导致学过一遍却没有留下清晰的印象。那么，对于管理类课程来说，怎样抓住重点，做到有的放矢呢？答案是一定要注重知识框架的构建。管理类课程大多逻辑脉络清晰，先搭建框架再填充内容可以有效提高我们的学习效率和效果。

以管理学为例，虽然管理学是一门年轻的学科，但它的框架已基本形成。国内外出版的管理学著作较多，但区别并不太大，多数以管理的职能为主线展开。前半部分基本安排管理学的研究对象、任务和内容以及管理学的形成、演变和发展等。后半部分基本上是按管理过程的计划、组织、人员配备、指导与领导、控制等职能展开。我们在学习的时候可以首先关注教材的目录部分，梳理知识结构，弄清楚各章节之间的逻辑关系，在脑海中建立整体的认识，为具体内容的学习奠定良好的基础。

★ 培养辩证唯物主义的观点和方法

与历史唯物主义一起组成了马克思主义哲学的辩证

唯物主义是我们观察世界、认识世界的唯一正确的指导思想和方法，它构成了自然科学、社会科学和工程技术科学的基础。基于管理类课程的发展历程及学科特点，辩证唯物主义为管理类课程知识提供了正确有效的学习思路和方法。

以管理学为例，管理学的基本思想都是从人们的社会实践，特别是生产实践中得来的。经过总结和归纳形成了一些概念，又在实践中加以验证，不断完善和深化，经过许许多多的实践者和管理学者的共同努力，才形成了管理学这门学科。而且随着社会进步和生产力的飞速发展，管理学也遇到了许多新的问题，例如：如何进一步开发人力资源，充分调动员工的积极性？如何有效地吸取高新技术的各项成果，来改进和完善管理的形式和方法？而管理学正努力在这两个方面给出回答。正因如此，管理学可以说既是一门历史悠久的学科，又是一门年轻的学科。从中可以充分看出管理学基本原理的形成完全符合辩证唯物主义认识论的规律。

这不仅是我们研究管理学的方法，也同样是我们学习管理学的方法。学习、实践、总结、提高不断循环，而且每一个循环都有更充实的内容和新的提高。只要我们能自觉地运用辩证唯物主义的观点和方法，研究也好，学习也好，可以收到事半功倍的效果。

★ 探索理论联系实践的学习方式

管理是一门实践性非常强的学科，它来自以前人类实践活动科学的总结，也将进一步指导新的实践活动。管理学要理论联系实践，不断研究实践中遇到的新问题，总结自己的经验，把这些经验系统化、科学化，以至于抽象、概括上升到理论。这样一个不断循环前进的过程是进行管理类研究的基本路径，也为同学们提供了学习管理类课程的正确方式。

在给MBA研究生和本科生讲授管理类课程时，老师所得到的感受完全不同。前者大学毕业后大多已经有了几年的工作实践，担当过管理工作或接受过别人的领导，对于课堂上讲授的思想往往能够产生共鸣。这些都是我们以往工作中经常遇到的，怎么没有去深入思考呢？学完后觉得在理论上有了大大的提高，豁然开朗。而后者刚刚走出校门，在管理工作中没有任何实践，只能是作为一种知识来学习。因此相较于MBA研究生，本科生的学习效果要差一些。

那么，对于刚刚迈入大学校园的本科新同学来说，有

什么方式可以弥补实践经验上的匮乏呢？这个问题得到了国内外众多商学院的重视，案例教学法应运而生。案例教学法通过案例给学生们一个实际的情境，提供一次扮演实际经营者角色的机会，如总经理、财务经理等。同学们在学习的过程中可以积极参与到案例模拟、案例讨论之中，对企业实际经营管理中可能遇到的问题进行分析、判断和决策，逐步提高自身理论联系实践的能力。

▶ **有哪些优秀的学习资源？**

关键课程回答了"学什么？"的问题，有效的学习方法回答了"怎样学？"的问题，本部分我们来解决第三个问题：通过哪些途径学？细心的同学们可以发现，以上无论是关键课程还是学习方法都聚焦在课堂和教材上，其实在课堂与教材之外还有很多学习管理类知识、锻炼管理类技能的途径，接下来我们就进行一下盘点。

★ **慕课平台**

中国大学慕课（MOOC）是由网易与高等教育出版社携手推出的在线教育平台，承接教育部国家精品开放课程任务，向大众提供中国知名高校的 MOOC 课程。MOOC 是 Massive Open Online Course（大规模在线开放课程)的缩写,是一种能免费注册使用的在线教育模式。其系统结构如图 5 所示。

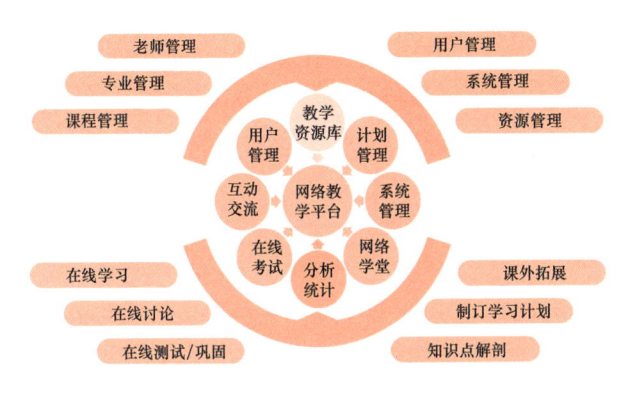

图 5　MOOC 系统结构

MOOC 有一套类似于线下课程的作业评估体系和考核方式。每门课程定期开课,整个学习过程包括多个环节:观看视频、参与讨论、提交作业,穿插课程的提问和终极考试。在这里,每一个有意愿提升自己的人都可以免费获得更优质的高等教育。相应课程由各校教务处统一管理运作。在创建课程后要指定负责课程的老师,由老师制作发布课程,所有老师都必须在高教社爱课程网实名认证过。老师新制作一门 MOOC 课程需要涉及课程选题、知识点设计、课程拍摄、录制剪辑等 9 个环节,课程

发布后老师会参与论坛答疑解惑、批改作业等在线辅导，直到课程结束颁发证书。每门课程都有老师设置的考核标准，当学生的最终成绩达到老师的考核分数标准，即可免费获取由学校发出、主讲老师签署的合格证书（电子版），也可付费申请纸质版认证证书。获取证书意味着学生达到了学习要求，对这门课程内容的理解和掌握达到了对应大学的要求，他（她）也可以骄傲地将通过了这门课的事实写在其简历中。

慕课平台具有众多优势：丰富的名师名校课程，来自众多"双一流"高校的优质课程，更好更全的大学课程，与名师"零距离"接触；广泛认可的证书支持，当你完成课程学习后，可以获得讲师签名证书，这些证书不仅仅是一种荣耀，更是你成长的里程碑；令人赞叹的教学体验，全新完整的在线教学模式，定期开课、简短视频，提交作业，和同学、老师交流。无论是在家里，还是在咖啡馆，进度随你掌握！

★ **管理类案例库**

- 中国工商管理案例库，收录了清华大学经济管理学院中国工商管理案例研究中心投入巨资开发的高质量教学案例全文。每一篇案例全文的研发均严格按照哈佛案例研发标准,在撰写前期需长期跟踪目标企业并实地调研,篇均研发周期约为6个月。自2013年起,该案例中心全面开放收录平台,针对全社会最大限度地征集优质教学案例,从而成为全国性的高质量教学案例征集与发布平台。该案例中心为此不仅对案例开发者提供选题立项－开发辅导－推广宣传等全流程的支持,而且以该数据库为基础,通过定期举办的教学应用培训和案例开发培训,为我国推广案例式教学和开发水平做出了突出贡献。至2021年,该数据库已经能够提供10个学科门类的案例全文,分别是供应链管理与物流、创业与创新、会计与控制、金融、信息管理与电子商务、市场营销管理、运营管理、战略管理与执行、综合管理、其他。

• 中国公共管理案例库,是清华大学公共管理学院中国公共管理案例中心历时十余年精心研究、自主开发的具有时效性、本土性和典型性的高品质教学案例库,主要用于公共管理领域的教学、培训和研究,亦可作为政府部门和机构的智库,服务于中国公共管理教育事业的发展。覆盖公共政策、公共经济学、公共部门战略管理、公共危机管理与决策、非营利与公共事业管理、国际事务和战略管理、廉政建设、领导科学与艺术、区域发展与城市治理、政府组织与管理十大方向。该数据库中的每一篇

案例均由清华大学公共管理学院教师指导，由硕士和博士研究生等专业的案例写作人员基于实地调研和各类参考文献开发写成，具有真实性、典型性和冲突性特点，经过清华大学公共管理学院教师长期实践证明，课堂教学效果非常显著，能够培养 MPA 学生在公共管理理论框架下分析、解决问题的能力，实现了理论与实践的有效结合。

• 全球工商管理案例在线，收录了清华大学经济管理学院中国工商管理案例中心以及国外哈佛商学院（Harvard）、毅伟商学院（Ivey）和欧洲案例交流中心（ECCH）等著名案例研究机构的案例详细信息，方便用户了解和掌握国内外工商管理案例库的发展动态。该数据库每周都会进行更新，以动态追踪上述机构的研究成果。该数据库是全球案例发现系统的搜索引擎，提供了数万条案例文献的索引信息，纳入 13 个学科门类中，分别是创业与创新、会计与控制、金融、人力资源、商业环境和社会责任、信息管理和电子商务、市场营销管理、运营管理、战略管理与执行、综合管理、组织行为与领导力、供应链管理与物流、其他。

• 中国管理案例共享中心是于 2007 年 5 月在全国工商管理专业学位研究生教育指导委员会的支持下成立的服务性和非营利合作机构，日常工作机构设在大连理工大学。中国管理案例共享中心以"统一规范、分散建设、共同参与、资源共享"为宗旨,致力于推动和提高中国管理案例教学与研究水平,实现中国MBA培养院校间案例资源共享、师资共享、学术成果共享和国际合作资源共享。该中心实行会员制,各批次MBA培养院校均为会员,现有会员单位290所。中国管理案例共享中心案例库现有版权案例超过5 000篇。自2011年开始,入库案例的年增长量在400篇左右。中国管理案例共享中心案例库基于大连理工大学20年案例库建设的科学化、系列化的分编体系,覆盖了二十多门管理课程,案例质量逐步与国际接轨。2007年年底,开通了门户网站,为本校和全国高校万名教师提供了案例教学服务,实现了案例全文的检索和下载,以及案例教学成果的转化。目前,中国管理案例共享中心网站的访问量已经超过1 800万次,案例下载量超过140万次。

中国管理案例共享中心自成立以来,围绕案例库建设、案例师资培训、案例研究、案例企业基地建设以及国际交流合作等开展工作,组织形式多样的活动,极大地促进了国内商学院的案例教学与案例研究的繁荣发展。

★ 商业比赛

一份高含金量的商业比赛对于大学生来说是保研、留学或求职的有力加分项。尤其是商科管理类学生,通过商业比赛不仅可以学习知识,获得项目经验,还有机会拿到实习机会或全职面试机会。那么,目前有哪些高含金量的商业比赛呢?在此我们可以进行简单的盘点。

- "贝恩杯"咨询启航案例大赛。该大赛是北京大学咨询学会较为成功的品牌活动之一,迄今为止已成功举办十三届。大赛着眼于高校中咨询人才的挖掘和培养,致力于为参赛选手提供一个实际应用咨询知识和技能的平台。往届大赛吸引了各大高校无数顶尖学子的目光。自 2006 年,大赛得到了全球领先的管理咨询公司贝恩公司的大力支持。大赛分为北京和上海两个赛区。北京赛区有北京大学、清华大学、中国人民大学参加。上海赛区有复旦大学、上海交通大学、浙江大学、南京大学参加。大赛在七所高校同时启动,面向在读本科生及硕士研究生,以团队形式报名,4 人组成一支队伍。比赛过程:初赛,提交案例报告;复赛,现场限时案例分析及问答;决赛,案例展示及现场回答贝恩顾问及高校教授的提问。

- 欧莱雅校园创新策划大赛。于 1992 年发起的欧莱雅校园创新策划大赛是全球著名的大学生国际性赛事之一。中国境内全日制本科及以上学历在校生均可参加，不限学校、年级与专业。由3人组队参赛，综合考虑市场及数字化趋势、技术创新、可持续发展等诸多因素，以消费者为中心，重新定义未来的品牌体验，做出最具创意和可执行的方案。奖项设置包括官方认证赛事证书、暑期实习项目直通网申或人力资源面试绿卡。截止到2020年，已有来自全球65个国家超过360所大学的18万余名学生参与此项赛事。

• 联合利华未来商业精英挑战赛。该项赛事作为最优秀的全球性大学生创造力展示平台，每年选拔出来自全球30多个国家和地区的大学生团队，前往伦敦参加全球总决赛，争夺全球联合利华未来领导人的联赛冠军头衔。旨在通过真实案例和经验，为未来领导者提供进步的竞争性学习和世界级商业挑战，拓宽国际视野，广交各国朋友，体验商业和生活的双重乐趣。面向群体为全日制本科及以上学历在校学生，比赛形式分为初赛个人赛、晋级团队赛和全球总决赛。奖项设置包括产品电商优惠券、专业市场营销培训、实战基金、联合利华官方认证赛事证书、暑期实习机会、网申等。

• 毕马威全球案例分析大赛。作为毕马威学生活动

的旗舰项目,该赛至今已成功举办了 17 年。在为期 96 小时的紧张比赛中,参赛者需通过头脑风暴创想碰撞,就多个商业案例提出可行的建议方案,从而全方位展示参赛者的思维敏锐度、解决问题能力和创造能力。往年以会计市场、财务、营销、管理等专业领域为主题,如今增加了社会福利等主题来显示毕马威在专业领域之外的人文关怀。面向群体为港澳台及中国境内全日制本科及以上学历在校学生。比赛形式为 4 人组队,分为校级初赛、全国复赛及全球总决赛。奖项设置包括毕马威专业人员的指导和反馈、真实体验专业服务顾问的工作、获得毕马威实习机会等。

- 德勤税务精英挑战赛。该项赛事是上海德勤税务师事务所及德勤税务研究学会每年为大中华区海峡两岸暨香港、澳门高等院校学生举办的一项国际化、专业化的税务专项赛事,旨在促进政府、学界、行业以及纳税人四体联动,培养有"洞见"、会"融合"、能"创新"的"3i"型人才。挑战赛自 2004 年首办以来,已经举办了 16 届,共吸引了逾 3 000 名精英学生参赛。该赛事为邀请制,仅限受邀学校学生参加。学生于报名参赛及进行比赛时必须为全日制本科或硕士生。比赛形式为 4 人组队,分为初赛网测、复赛个案分析书面报告和简报及全国总决赛个案分析汇报演示。奖项设置包括官方认证获奖证书、德勤招聘优享政策及德勤实习机会等。

★ 大创项目

大创项目即国家级大学生创新创业训练计划,旨在促进高等学校转变教育思想观念,改革人才培养模式,强化创新创业能力训练,增强高校学生的创新能力和在创新基础上的创业能力,培养适应创新型国家建设需要的高水平创新人才。

国家级大学生创新创业训练计划内容包括创新训练项目、创业训练项目和创业实践项目三类。

- 创新训练项目是本科生个人或团队,在导师指导下,自主完成创新性研究项目设计、研究条件准备和项目实施、研究报告撰写、成果(学术)交流等工作。

- 创业训练项目是在导师指导下,本科生团队中每个学生在项目实施过程中扮演一个或多个具体的角色,编制商业计划书,开展可行性研究,模拟企业运行,参加企业实践,撰写创业报告等工作。

- 创业实践项目是学生团队在学校导师和企业导师共同指导下,采用前期创新训练项目(或创新性实验)的

成果,提出一项具有市场前景的创新性产品或者服务,以此为基础开展创业实践活动。

大创项目流程包括:申报立项(填写申报书、经过专家组审查立项);项目中期检查(项目组师生自查、院级评审、校级评审、中期检查结果与反馈);项目结题和验收(报送结题材料、集中结题答辩、项目结题结果公布)。

★ 校企合作,实地调研

校企合作是指学校与企业建立的一种合作模式。当前社会竞争激烈,包括教育行业,大中专院校等职业教育院校为谋求自身发展,抓好教育质量,采取与企业合作的方式,有针对性地为企业培养人才,注重人才的实用性与实效性。校企合作是一种注重培养质量,在校学习与企业实践,学校与企业资源、信息共享的"双赢"模式。校企合作以应社会所需,与市场接轨,与企业合作,实践与理论相结合的全新理念,为教育行业发展带来了一片春天。2017年10月18日,习近平同志在十九大报告中指出,优先发展教育事业。要全面贯彻党的教育方针,落实立德树人根本任务,发展素质教育,推进教育公平,培养德智体美全面发展的社会主义建设者和接班人。推动城乡义务教育一体化发展,高度重视农村义务教育,办好学前教育、特殊教育和网络教育，普及高中阶段教育，努力让每个孩子都能享有公平而有质量的教育。完善职业教育和培训体系，深化产教融合、校企合作。加快一流大学和一流学科建设，实现高等教育内涵式发展。健全学生资助制度，使绝大多数城乡新增劳动力接受高中阶段教育、更多接受高等教育。支持和规范社会力量兴办教育。加强师德师风建设，培养高素质教师队伍，倡导全社会尊师重教。办好继续教育，加快建设学习型社会，大力提高国民素质。

▶ **如何制订个人规划？**

同学们是否听过田忌赛马的故事？孙膑以己方上等马对敌方中等马，以己方中等马对敌方下等马，以己方下等马对敌方上等马，帮助田忌以三局两胜赢得了比赛，这个故事充分体现了策略规划的重要性。与赛马一样，学习与生活也离不开合理的规划，本节从多位优秀学长的实际经历中提取了共同的闪光点，为同学们合理制订个人规划提供值得借鉴的经验。

★ **争取优异的学业成绩**

对于大学生来说，课程学习应排在首要位置，无论是

国内保研、申请国外名校还是向知名企业投递求职简历，良好的绩点和排名是必备条件。这要求同学们端正课程学习的态度，积极完成课程要求，夯实专业知识基础。

★ 英语学习持之以恒

管理类专业普遍对英语有较高的要求，在国内保研、申请国外名校、求职的过程中，英语同样是重点考察项目。语言的学习与理科知识的掌握存在较大的差异，难以一蹴而就，是一个不断积累、不断提高的过程，这就要求同学们培养良好的学习习惯，保持稳定的学习状态，持之以恒来实现质的突破。

★ 适当参与各种比赛与竞赛

在大学期间有种类繁多的比赛与竞赛可以参加，从层次上看，既有学院、学校举办的，也有社会团体、企业、地方政府举办的，还有全国性甚至全球性的大型竞赛；从比赛内容上看，可以涵盖从基本技能到各学科专业知识的方方面面。在课程学习之余，同学们可以根据专业方向以及个人兴趣适当地参与比赛与竞赛，如管理类的同学可以积极参加之前章节所述的商业比赛，将其作为夯实专业基础、提高专业素养、拓宽个人视野、锤炼个人技能的途径。

★ **有选择地考取专业技能资质证书**

专业技能资质证书是专业能力的证明，是除了学历之外另一项重要的求职敲门砖。多个知名企业的招聘条件对专业技能资质普遍存在较高的要求。在大学期间，管理类同学们可以考取的证书范围包括但不限于英语四六级、剑桥商务英语、托福雅思、计算机等级证书、银行证券从业资格证、会计审计初级专业技术资格、资产评估师、国际注册会计师（ACCA）、美国注册管理会计师（CMA）等。在完成日常课业任务之后，同学们可以有选择地考取契合个人专业方向的技能证书，为未来职业发展增添筹码。

★ **寻求高质量的实习机会**

在求职的过程中，一份高质量的实习经历绝对是简历中的加分项。实习过程有利于个人能力的综合提升，不仅可以锻炼人际交往等基本技能，还可以为深入理解并掌握管理类知识积累实践经验。同学们可以利用宝贵的假期时间，通过个人投递简历、导师推荐、学校安排等方式寻求高质量的实习机会。

参考文献

[1] 周三多,陈传明,刘子馨,等. 管理学——原理与方法[M]. 7版. 上海:复旦大学出版社,2018.

[2] 汪克夷,齐丽云,刘荣. 管理学[M]. 2版. 北京:清华大学出版社,2016.

[3] 丹尼尔·A.雷恩,阿瑟·G.贝德安. 管理思想史[M]. 孙健敏,黄小勇,李原,译. 6版. 北京:中国人民大学出版社,2012.

[4] 弗雷德里克·泰勒. 科学管理原理[M]. 马风才,译. 北京:机械工业出版社,2014.

[5] 乔治·梅奥. 霍桑实验——为什么物质激励不总是有效的[M]. 项文辉,译. 上海:立信会计出版社,2017.

[6] 黄伟芳.董明珠传——独立女性奋斗范本[M].北京:团结出版社,2019.

[7] 安德斯·艾利克森,罗伯特·普尔.刻意练习:如何从新手到大师[M].王正林,译.北京:机械工业出版社,2016.

[8] 张明玉,等.管理学[M].修订版.北京:科学出版社,2013.

[9] 刘儒德.自我管理[M].北京:北京师范大学出版社,2010.

[10] 陈劲,尹西明.范式跃迁视角下第四代管理学的兴起、特征与使命[J].管理学报,2019,16(1):1-8.

[11] 颉茂华,扎力嘎胡,陶娅.中国工商管理学:实践探索、理论创新与历史使命[J].财会月刊,2021(5):114-120.

[12] 陈劲,吴庆前.中华传统文化中的创新因素与第四代管理学[J].科研管理,2019,40(8):12-19.

[13] 蒋越.高校工商管理学科与工商管理人才培养方法研究——评《工商管理学科导论》[J].管理世界,2020,36(5):241.

[14] 夏书章,朱正威.治国理政之学,善政良治之

用——夏书章教授学术访谈[J]. 中山大学学报：社会科学版，2020，60(1)：1-7+2.

[15] 盛昭瀚，霍红，陈晓田，等. 笃步前行，创新不止——我国管理科学与工程学科 70 年回顾、反思与展望[J]. 管理世界，2021，37(2)：185-202.

[16] 周明，李巍. 第二次世界大战最大登陆战：诺曼底登陆战[M]. 上海：上海社会科学院出版社，2019.

[17] 宋京. 晓芹海参，21 年破茧成蝶[J]. 东北之窗，2020(12)：30-33.

[18] 文晓立，陈春花. 领导特质对员工创造力影响研究述评[J]. 技术经济与管理研究，2020(6)：42-46.

[19] 罗伯特·杰维斯. 系统效应[M]. 李少军，杨少华，官志雄，译. 2 版. 上海：上海人民出版社，2020.

[20] 斯蒂芬·罗宾斯，蒂莫西·贾奇. 组织行为学[M]. 孙健敏，朱曦济，李原，译. 16 版. 北京：中国人民大学出版社，2016.

[21] 迈克尔·希特，R.杜安·爱尔兰，罗伯特·霍斯基森. 战略管理：概念与案例[M]. 刘刚，梁晗，耿天成，等，译. 12 版. 北京：中国人民大学出版社，2017.

"走进大学"丛书拟出版书目

什么是机械？	邓宗全	中国工程院院士 哈尔滨工业大学机电工程学院教授（作序）
	王德伦	大连理工大学机械工程学院教授 全国机械原理教学研究会理事长
什么是材料？	赵 杰	大连理工大学材料科学与工程学院教授 宝钢教育奖优秀教师奖获得者
什么是能源动力？		
	尹洪超	大连理工大学能源与动力学院教授
什么是电气？	王淑娟	哈尔滨工业大学电气工程及自动化学院院长、教授 国家级教学名师
	聂秋月	哈尔滨工业大学电气工程及自动化学院副院长、教授
什么是电子信息？		
	殷福亮	大连理工大学控制科学与工程学院教授 入选教育部"跨世纪优秀人才支持计划"
什么是自动化？	王 伟	大连理工大学控制科学与工程学院教授 国家杰出青年科学基金获得者（主审）
	王宏伟	大连理工大学控制科学与工程学院教授
	王 东	大连理工大学控制科学与工程学院教授
	夏 浩	大连理工大学控制科学与工程学院院长、教授
什么是计算机？	嵩 天	北京理工大学网络空间安全学院副院长、教授 北京市青年教学名师
什么是土木？	李宏男	大连理工大学土木工程学院教授 教育部"长江学者"特聘教授 国家杰出青年科学基金获得者 国家级有突出贡献的中青年科技专家

什么是水利？　　张　弛　大连理工大学建设工程学部部长、教授
　　　　　　　　　　　　教育部"长江学者"特聘教授
　　　　　　　　　　　　国家杰出青年科学基金获得者
什么是化学工程？
　　　　　　　　贺高红　大连理工大学化工学院教授
　　　　　　　　　　　　教育部"长江学者"特聘教授
　　　　　　　　　　　　国家杰出青年科学基金获得者
　　　　　　　　李祥村　大连理工大学化工学院副教授
什么是地质？　　殷长春　吉林大学地球探测科学与技术学院教授（作序）
　　　　　　　　曾　勇　中国矿业大学资源与地球科学学院教授
　　　　　　　　　　　　首届国家级普通高校教学名师
　　　　　　　　刘志新　中国矿业大学资源与地球科学学院副院长、教授
什么是矿业？　　万志军　中国矿业大学矿业工程学院副院长、教授
　　　　　　　　　　　　入选教育部"新世纪优秀人才支持计划"
什么是纺织？　　伏广伟　中国纺织工程学会理事长（作序）
　　　　　　　　郑来久　大连工业大学纺织与材料工程学院二级教授
　　　　　　　　　　　　中国纺织学术带头人
什么是轻工？　　石　碧　中国工程院院士
　　　　　　　　　　　　四川大学轻纺与食品学院教授（作序）
　　　　　　　　平清伟　大连工业大学轻工与化学工程学院教授
什么是交通运输？
　　　　　　　　赵胜川　大连理工大学交通运输学院教授
　　　　　　　　　　　　日本东京大学工学部 Fellow
什么是海洋工程？
　　　　　　　　柳淑学　大连理工大学水利工程学院研究员
　　　　　　　　　　　　入选教育部"新世纪优秀人才支持计划"
　　　　　　　　李金宣　大连理工大学水利工程学院副教授
什么是航空航天？
　　　　　　　　万志强　北京航空航天大学航空科学与工程学院副院长、教授
　　　　　　　　　　　　北京市青年教学名师
　　　　　　　　杨　超　北京航空航天大学航空科学与工程学院教授
　　　　　　　　　　　　入选教育部"新世纪优秀人才支持计划"
　　　　　　　　　　　　北京市教学名师

什么是环境科学与工程？
- 陈景文　大连理工大学环境学院教授
　　　　　教育部"长江学者"特聘教授
　　　　　国家杰出青年科学基金获得者

什么是生物医学工程？
- 万遂人　东南大学生物科学与医学工程学院教授
　　　　　中国生物医学工程学会副理事长（作序）
- 邱天爽　大连理工大学生物医学工程学院教授
　　　　　宝钢教育奖优秀教师奖获得者
- 刘　蓉　大连理工大学生物医学工程学院副教授
- 齐莉萍　大连理工大学生物医学工程学院副教授

什么是食品科学与工程？
- 朱蓓薇　中国工程院院士
　　　　　大连工业大学食品学院教授

什么是建筑？
- 齐　康　中国科学院院士
　　　　　东南大学建筑研究所所长、教授（作序）
- 唐　建　大连理工大学建筑与艺术学院院长、教授
　　　　　国家一级注册建筑师

什么是生物工程？
- 贾凌云　大连理工大学生物工程学院院长、教授
　　　　　入选教育部"新世纪优秀人才支持计划"
- 袁文杰　大连理工大学生物工程学院副院长、副教授

什么是农学？
- 陈温福　中国工程院院士
　　　　　沈阳农业大学农学院教授（作序）
- 于海秋　沈阳农业大学农学院院长、教授
- 周宇飞　沈阳农业大学农学院副教授
- 徐正进　沈阳农业大学农学院教授

什么是医学？
- 任守双　哈尔滨医科大学马克思主义学院教授

什么是数学？
- 李海涛　山东师范大学数学与统计学院教授
- 赵国栋　山东师范大学数学与统计学院副教授

什么是物理学？
- 孙　平　山东师范大学物理与电子科学学院教授
- 李　健　山东师范大学物理与电子科学学院教授

什么是化学？	陶胜洋	大连理工大学化工学院副院长、教授
	王玉超	大连理工大学化工学院副教授
	张利静	大连理工大学化工学院副教授
什么是力学？	郭　旭	大连理工大学工程力学系主任、教授
		教育部"长江学者"特聘教授
		国家杰出青年科学基金获得者
	杨迪雄	大连理工大学工程力学系教授
	郑勇刚	大连理工大学工程力学系副主任、教授
什么是心理学？	李　焰	清华大学学生心理发展指导中心主任、教授（主审）
	于　晶	辽宁师范大学教授
什么是哲学？	林德宏	南京大学哲学系教授
		南京大学人文社会科学荣誉资深教授
	刘　鹏	南京大学哲学系副主任、副教授
什么是经济学？	原毅军	大连理工大学经济管理学院教授
什么是社会学？	张建明	中国人民大学党委原常务副书记、教授（作序）
	陈劲松	中国人民大学社会与人口学院教授
	仲婧然	中国人民大学社会与人口学院博士研究生
	陈含章	中国人民大学社会与人口学院硕士研究生
		全国心理咨询师（三级）、全国人力资源师（三级）
什么是民族学？	南文渊	大连民族大学东北少数民族研究院教授
什么是教育学？	孙阳春	大连理工大学高等教育研究院教授
	林　杰	大连理工大学高等教育研究院副教授
什么是新闻传播学？		
	陈力丹	中国人民大学新闻学院荣誉一级教授
		中国社会科学院高级职称评定委员
	陈俊妮	中国民族大学新闻与传播学院副教授
什么是管理学？	齐丽云	大连理工大学经济管理学院副教授
	汪克夷	大连理工大学经济管理学院教授
什么是艺术学？	陈晓春	中国传媒大学艺术研究院教授